EUGENE SACCOMANO

LES STARS DU FOOTBALL
MONDIAL 94

PRÉFACE DE
MICHEL PLATINI

SOLAR

ISBN : 2-263-02206-6
N° éditeur 2356

SOMMAIRE

L'AMÉRIQUE C'EST DÉJÀ LA FRANCE !

Le football est une éternelle source d'émotions, jamais tarie. Cet été, le plus beau spectacle de la planète installe son chapiteau dans un nouveau monde, celui des États-Unis. Comme à l'habitude, les grandes équipes y recherchent la confirmation d'une gloire acquise au fil du temps. C'est le cas du Brésil, de l'Italie, de l'Allemagne. D'autres viennent y apporter leur fraîcheur et leur naïveté, comme les équipes asiatiques ou océaniques. Les Africains, avec les Camerounais et les Nigérians, emballent le public par leurs trouvailles acrobatiques ou techniques, par leur fantastique générosité. Dommage que la France ne soit pas là, mais on ne va pas refaire l'Histoire...

Si notre plaisir est toujours intact, c'est d'abord aux footballeurs qu'on le doit. Voilà sans doute la raison pour laquelle notre ami Eugène Saccomano a choisi de rassembler dans cet album les meilleurs joueurs du monde, qu'ils participent ou non à la World Cup.

Vous allez donc mieux connaître, grâce à des fiches très complètes, la vie et la carrière de joueurs aussi divers que Ginola ou Asprilla, Gullit ou Cantona, Baggio ou Romario. Et pour le mouvement, le ballet ou le combat, vous aurez sous les yeux de magnifiques documents photographiques, pour la plupart inédits.

Les joueurs français prennent leur place dans ce livre. Si nous n'allons pas aux États-Unis, nous sommes tout de même, et sur cinq ans, la deuxième nation européenne de football, derrière l'Italie, en ce qui concerne les clubs. Ce sport est enfin devenu chez nous un véritable phénomène social. Voilà pourquoi l'organisation de la Coupe du Monde en France doit concerner tout un pays – et vous, en priorité, vous qui aimez le football et le suivez toute l'année. Ce qui nous manque encore, c'est cette passion colorée qui fait danser et chanter, autour d'un but réussi, nos frères latins, Italiens, Espagnols et Portugais. Ça viendra. Je me souviens d'une belle fiesta dans les rues de Paris et de Marseille quand nous avons gagné l'Euro 84.

Aujourd'hui, à Los Angeles et pour notre fête nationale, nous présentons au monde entier la Coupe du Monde 1998, la dernière du siècle, celle de la France. Avec Fernand Sastre, nous avons déjà beaucoup avancé dans nos travaux. Nous abordons maintenant les phases de concrétisation, qui vont d'abord se matérialiser – et c'est symbolique – par la construction du fameux grand stade, à Saint-Denis. Pour ce qui me concerne, je veillerai scrupuleusement à l'éthique sportive et à tout ce qui touche au terrain, au jeu. On nous suggère un Mondial plus large et plus représentatif, à trente-deux équipes. Pourquoi pas ?

Pour l'heure, amis lecteurs, vous avez sous les yeux les meilleurs footballeurs du monde. Vous avez applaudi à leurs exploits tout au long de la saison. Certains d'entre eux enchantent vos soirs d'été grâce aux images venues d'Amérique. Je vous souhaite maintenant beaucoup de plaisir à la lecture de cet album, et je vous donne dès à présent rendez-vous pour 1998.

MICHEL PLATINI
Co-président du Comité français
d'organisation de la Coupe du Monde.

★ FAUSTINO ASPRILLA ★

COLOMBIE

L'acrobate colombien de Parme

● Né le 10 novembre 1969 à Tulua, en Colombie. 1,80 m pour 72 kg. Marié avec Catalina (un enfant).

● Faustino est le sixième d'une famille de sept enfants (trois garçons et quatre filles). Son père, Diego, travaillait dans une plantation de cannes à sucre qui approvisionne la plus importante sucrerie du pays. Diego a toujours travaillé (chose pas si évidente en Colombie !) et a ainsi pu élever convenablement ses enfants, même si le niveau de vie de la famille n'était pas très élevé.

● Clubs successifs : Sarmiento Tuluà, Deportivo Cucuta, Atletico Nacional Medellín, AC Parme.

● Palmarès : championnat de Colombie en 1992 ; Coupe d'Europe des vainqueurs de Coupe en 1993 ; Supercoupe d'Europe en 1993.

● Selon papa Diego, le jeune Faustino a toujours plus pensé à jouer au football qu'à étudier. L'attaquant de Parme a cependant fréquenté le lycée et obtenu le baccalauréat, avec, comme regret, de ne pas s'être inscrit à l'université.

● Sa véritable formation de footballeur, Tino (diminutif de Faustino) l'a effectuée à l'école de football Sarmiento, créée par la fondation de bienfaisance Sarmiento-Palau, dirigée par Juan Manuel de los Rios, l'un des patrons de la sucrerie de Tuluà. Cette fondation subventionne la petite industrie de la région et développe des programmes médicaux, culturels et sportifs. La fondation a construit des terrains d'entraînement dans les zones les plus pauvres de Cali, afin de faire jouer les gamins au football et de leur éviter les tentations de la rue.

● Asprilla arrive en janvier 1986 à l'école de football. C'est Raul Capera, le secrétaire, qui l'a découvert dans une équipe de quartier, l'Estudiantes Tuluà, où on l'utilisait peu et mal : « A tel point, dit-il, que j'ai dû vraiment insister pour que son entraîneur le fasse jouer au cours d'un match amical que j'avais organisé spécialement pour le voir à l'œuvre : j'ai mis deux minutes pour en percevoir tout le talent et cinq pour me décider à l'engager. » Ceci en échange de 3 ballons et d'une bourse d'études de 30 000 pesos pour le président de l'Estudiantes, qui devait achever ses études au lycée.

● Au Sarmiento, Asprilla est confié à l'entraîneur en chef, l'Argentin Mario Desiderio, ex-professionnel qui a joué deux saisons à Catane et une à la Roma, au début des années 60.

● Asprilla fréquente le Sarmiento jusqu'en juin 1987, enchaînant les entraînements à Tuluà et à Cali. Les dirigeants de l'école l'envoient faire un essai au Deportivo et à l'America, les deux grands clubs de Cali. Il est éconduit à chaque fois. Alors, los Rios contacte un de ses amis, Hernan « Quca » Aceros, entraîneur du Deportivo Cucuta, une modeste équipe professionnelle. Il s'attache, pour 10 millions de pesos

Asprilla, sous les couleurs de Parme.

Faustino, grand acrobate du Calcio.

(environ 70 000 francs), les services d'Asprilla, sans même l'avoir vu à l'œuvre : les paroles de los Rios (« Je t'envoie un garçon qui fera parler de lui. ») ont suffi.

● L'étape suivante, pour Asprilla, est l'Atletico Nacional de Medellin, avec lequel il remporte le championnat de Colombie en 1992. C'est dans la deuxième ville du pays que Faustino rencontre sa future femme, Catalina.

● Le nom d'Asprilla commence à se faire connaître à l'étranger lorsque celui-ci rejoint la sélection olympique colombienne. Sous la coupe d'Hernan Dario Gomez (pour lequel Tino nourrit une profonde admiration), l'équipe de Colombie va briller de mille feux et se qualifier pour Barcelone, à la suite du tournoi de qualification au Paraguay. L'aventure espagnole sera un véritable naufrage collectif et, sans l'ombre d'un doute, le plus mauvais souvenir de Faustino.

● Au Paraguay se trouve Mirko Ferretti, émissaire de la Fiorentina chargé de superviser l'Argentin Latorre. Ferretti tombe sous le charme d'Asprilla et le fait savoir à ses dirigeants : « C'est une véritable panthère, dotée d'un tir qui ne pardonne pas : ce sera l'un des grands joueurs de l'an 2000 ». C'est en fin de compte Parme qui l'engage, pour une somme de 30 millions de francs.

● Asprilla connaît des débuts difficiles, qu'il explique lui-même : « Premier obstacle à franchir, celui de la langue. Vient ensuite le climat : j'ai été surpris par la rigueur des hivers italiens. Enfin, sur le plan du jeu, j'ai découvert un marquage très strict et le rythme soutenu des rencontres. »

● Faustino se révèle au printemps 1992. Il conduit Parme jusqu'en finale de la Coupe des Coupes et met fin à l'invincibilité du Milan AC en championnat d'Italie, après 58 matches sans défaite (d'un superbe coup franc qui permet à Parme de l'emporter (1-0) à San Siro, le 21 mars 1993, lors de la 24e journée).

● Septembre 93, Asprilla enchante le monde entier par une série de buts plus beaux les uns que les autres. Avec la sélection, à Buenos Aires, Tino ridiculise l'Argentine (5-0) et qualifie son pays pour la phase finale de la Coupe du Monde, marquant à 2 reprises (tir de loin et lob en conclusion d'un raid solitaire). En Coupe des Coupes, face aux Suédois de Degerfors : à la 87e minute du match aller Parme est mené (1-0), mais en deux minutes Asprilla renverse totalement la vapeur en marquant à la suite 2 exploits techniques. Asprilla n'épargne personne : en championnat, il liquide (3-0) le Torino par un « coup du chapeau » (tête, tir du droit sur pivot, missile du gauche).

● Son contrat vient d'être prolongé jusqu'en 1996, à raison de 1 milliard de lires par saison (près de 4 millions de francs). Au Mondial américain, Asprilla sera le porte-drapeau officiel de la firme Parmalat, sponsor et propriétaire du club de Parme.

● Son hobby : écouter de la musique salsa. Acteur et actrice préférés : Steven Seagal et Monica Bellucci. Chanteurs préférés : Antonello Venditti (Italie) et Franco De Vita (Venezuela).

Les conduites de balle d'Asprilla et la soudaineté de ses tirs.

upim

★ ROBERTO BAGGIO ★

ITALIE

Un Ballon d'Or dans les pieds

● Né le 18 février 1967 à Caldogno, dans la province de Vicenza (Italie). Roberto (1,74 m pour 72 kg) est issu d'une famille de huit enfants, nés de l'union de Fiorindo Baggio et Matilda Rizzotti : Gianna, Walter, Carla, Giorgio, Anna Maria, Nadia, Eddy* et lui-même. En 1989, Roberto Baggio a épousé Andreina Fabbi. Le 2 décembre 1990 naissait Valentina. A cette occasion, Roberto accepte de céder à un magazine italien l'exclusivité des photos du bébé en échange de plus de 300 millions de lires (en 1990, un tout petit peu moins de 1,5 million de francs). L'objectif était d'équiper l'hôpital de Vicenza d'un bloc opératoire ultramoderne : noble geste !

* qui joue à la Fiorentina, en équipe réserve.

● Ses différents clubs : Caldogno (1974-1980), Lanerossi Vicenza (1980-1985), Fiorentina (1985-1990), Juventus Turin (1990-1994).

● Palmarès : Coupe de l'UEFA en 1993, finaliste en 1990 ; finaliste de la Coupe d'Italie en 1992 ; 3e de la Coupe du Monde en 1990.

● Le père de Roberto possède un atelier où il travaille le fer et l'aluminium. Pendant ses loisirs, il s'intéresse surtout au cyclisme, ayant même remporté quelques courses comme amateur. Son rêve, ce serait de voir un de ses fils faire une carrière, à l'image de Marino Basso, l'enfant du pays, champion du monde en 1972, à Gap. Roberto essaye de le contenter mais, rien à faire, la passion du ballon rond est bien trop

Roberto, prince de la Juventus.

Baggio conduisant la Squadra Azzurra.

forte. Il commence tout jeune dans l'équipe de Caldogno. En 1975, il marque 6 buts dans un match de championnat débutants, contre les voisins de Levà, battus (7-0). Marquer des buts, cela va devenir une habitude pour Roberto...

- En 1980, Roberto dispute un championnat époustouflant avec Caldogno, marquant à 42 reprises. Les gens du village lui font une publicité monstre : un jour, l'entraîneur du Lanerossi Vicenza, Giulio Savoini, entend parler de lui et décide de le superviser : il tombe immédiatement sous le charme et le fait venir dans son club, en payant 2 000 francs d'indemnités aux dirigeants de Caldogno.
- A Vicenza, Baggio s'entraîne comme un fou, ne manquant jamais l'occasion de prendre conseil auprès des joueurs de l'équipe pro, voire de les défier dans des matches improvisés.
- A 15 ans, l'entraîneur Cadé le convoque avec l'équipe première en stage d'avant-saison. En 82-83, Baggio joue un match de Série C1 avec le Lanerossi, sous les ordres de Mazzia. La saison suivante, une blessure l'éloigne des terrains et il ne dispute que 6 rencontres (avec 1 but à la clé). Roberto est sélectionné dans l'équipe nationale cadets : il débute contre la Yougoslavie (1-1).
- En 84-85, Baggio est titulaire au Lanerossi et réalise un championnat de premier plan (29 matches – 12 buts) : la Juventus, la Sampdoria et la Fiorentina lui font la cour. C'est le club de Florence qui se montre le plus persuasif et enlève Roberto au Lanerossi pour 2 milliards de lires. Roberto, le 9 janvier 1985, a débuté dans la sélection juniors contre la Grèce (3-0).
- Bersellini le fait démarrer en Série A, à l'aube de la saison 86-87 [21 septembre 1986 : Fiorentina-Sampdoria (2-0)]. Quatre jours plus tôt, il avait joué une rencontre de Coupe UEFA, contre les Portugais de Boavista. En moins d'une semaine, Robby va passer du rêve au cauchemar : le genou droit lui fait trop mal, il est contraint au repos. Il ne revient qu'en décembre, pour voir son genou céder immédiatement. Pour la troisième fois. Retour à Saint-Étienne et nouvelle opération conduite par le professeur Bousquet, le 18 du même mois. Baggio ne rejoue qu'en avril 1987. S'achève une bien triste saison où il n'aura disputé que 5 rencontres et marqué 1 but (un coup franc contre Naples).
- Le genou de Baggio retrouve toute sa vigueur et le numéro 10 florentin peut enfin disputer une saison complète : en 87-88, il joue 27 matches et marque 6 buts.
- La saison 88-89 est celle de la consécration. Baggio débute en équipe d'Italie contre les Pays-Bas (1-0), le 16 novembre. En championnat, il forme un duo infernal avec Stefano Borgonovo : 30 matches et 15 buts pour lui, 30 et 14 pour son coéquipier. La Fiorentina se classe 7e et assure une qualification en Coupe UEFA. Baggio flambe même en Coupe d'Italie : 9 buts en 10 rencontres. A Florence, on ne jure plus que par lui !
- La saison 89-90 représente un tournant décisif dans la carrière de Roberto Baggio : depuis décembre, le comte Pontello, président de la Fiorentina, est en négociation avec les dirigeants de la Juventus pour transférer Baggio à Turin. En mai, l'opération (20 milliards de lires !) est officialisée. A Florence, c'est l'émeute : manifestations, barricades, menaces, tout est bon pour empêcher Robby de partir. En vain.
- Roberto dispute, ensuite, un excellent Mondiale : il marque contre la Tchécoslovaquie et l'Angleterre. La Squadra Azzurra enlève la 3e place, après avoir rêvé du titre suprême. Baggio enchaîne avec la

Juve pour une saison mi-figue mi-raisin. 90-91 est un désastre pour le club de la Fiat : les Bianconeri n'assimilent pas vraiment le jeu en zone de Gigi Maifredi et, pour la première fois, ratent une qualification en Coupe d'Europe. En Coupe des Coupes, ils sont éliminés en demi-finale par le FC Barcelone. Baggio obtient un bilan satisfaisant de 26 buts (dont 14 en championnat) pour 46 rencontres, mais, malgré tout, ne pèse pas sur le jeu. Et puis il est rejeté par les tifosi de la Juve, ennemis héréditaires de ceux de la Fiorentina. D'ailleurs, Baggio ne fait rien pour : le 7 avril 1991, il refuse de tirer un penalty contre son ancienne équipe, au stade Comunale de Florence. Son coéquipier De Agostini s'en charge, mais le manque...

- A l'été 91, Giovanni Trapattoni reprend sa place sur le banc de touche de la Juventus. Les débuts sont orageux entre l'entraîneur le plus titré d'Italie et le talentueux Baggio. Mais il réalise une bonne saison (18 buts en championnat) et gagne l'estime du Trap. Arrive 92-93 et une campagne européenne chaotique mais victorieuse : Roberto Baggio terrasse à lui tout seul le PSG en demi-finale, puis ridiculise le Borussia Dortmund en finale et offre la Coupe UEFA à la Juve. Incroyable : Baggio vient de remporter son premier trophée. Bilan : 32 buts marqués entre championnat (21), Coupe d'Italie (1), Coupe UEFA (6) et Squadra Azzurra (4). Un record.
- On n'arrête plus Baggio, qui boucle l'année en beauté : qualification de l'Italie pour la phase finale de Coupe du Monde et Ballon d'Or de *France-Football*. Roberto dépasse les 200 matches et les 100 buts en Série A et gratifie spectateurs et télespectateurs de quelques buts d'anthologie. Prochain objectif : la Coupe du Monde 1994.
- Baggio roule en Lancia Thema et Fiat Tipo, passe son temps libre à chasser, adore la pizza, admire Zico et écoute les Eagles.

Motta

★ FRANCO BARESI ★

ITALIE

Le condottiere du Milan AC

● Né le 8 mai 1960 à Travagliato, dans la province de Brescia. 1,76 m pour 70 kg. Marié à Laura (née la même année que lui) et père d'Edoardo. Franco a toujours joué au Milan AC. Palmarès : championnat d'Italie en 1979, 1988, 1992, 1993, 1994 ; Coupe intercontinentale en 1989, 1990 ; Coupe d'Europe des clubs champions en 1989, 1990 ; Supercoupe d'Europe en 1989, 1990 ; Mitropa Cup en 1982 ; Supercoupe d'Italie en 1988, 1992, 1993. Mais aussi : 3e de la Coupe du Monde en 1990 ; finaliste de la Ligue des champions en 1993 ; finaliste de la Coupe intercontinentale en 1993 ; 2e du championnat d'Italie en 1990, 1991 ; finaliste de la Coupe d'Italie en 1985, 1990.

● Élevé à Brescia, Franco quitte cette ville à 13 ans pour rejoindre Milan et faire un essai à l'Inter. Il est refusé car jugé trop maigre ! Franco se rend alors au Milan AC, qui l'intègre immédiatement dans une de ses équipes de jeunes. A l'Inter, il reste, quand même, un Baresi : Giuseppe, frère de Franco, qui joue dans l'équipe A des Nerazzurri de 1977 à 1992.

● Période terrible pour Franco (et Giuseppe) : à 14 ans, il perd sa mère. Deux ans plus tard, son père disparaît dans un accident de la route. La perte de ses parents l'a rendu introverti et taciturne... Les cinq frères et les trois sœurs Baresi font bloc et s'entraident. Franco passe quatre ans à Milanello, dans un cycle sport-études. Puis il prend un appartement avec Giuseppe, à Milan. De leur côté, les entraîneurs et les dirigeants rossoneri entourent Franco d'une grande attention. Le club devient sa seconde famille.

● Saison 77-78, Franco dispute un excellent championnat avec l'équipe Primavera (la réserve de l'équipe première, formée de jeunes joueurs). Nils Liedholm, l'entraîneur des « A », le récompense en lui faisant jouer un match de D1, le 23 avril 1978 à Vérone. Le Milan AC s'impose (2-1). D'autre part, Baresi dispute également deux rencontres de Coupe d'Italie.

● Liedholm l'intègre ensuite définitivement dans l'équipe première. Au mois d'août 1978, en plein entraînement, le Suédois prend Baresi à part et lui tient le discours suivant : « Ne tiens en aucun cas compte de mes déclarations aux journalistes : dorénavant, mon libero titulaire, ce sera toi ! » En effet, Franco dispute les 30 matches de la saison 78-79 et est considéré comme la véritable révélation d'un championnat que le Milan AC domine de bout en bout.

● La saison suivante, Franco confirme : il dispute 28 matches et achève le championnat à la 3e place. Malheureusement, le Milan AC est impliqué dans le scandale du Totonero, à propos d'un match gagné (2-0) contre la Lazio. C'est Albertosi qui a acheté la rencontre. Avec lui tombent, entre autres, son président Colombo et les laziali Giordano et Manfredonia. Mais aussi Paolo Rossi et une dizaine d'autres. Le Milan AC est rétrogradé en Série B. Mais Franco n'abandonne pas le navire et remonte immédiatement avec un Milan AC en tête de bout en bout (31 matches pour Baresi).

Baresi va s'en sortir, malgré les charges de Brehme et Buchwald.

● Alors que, pour l'Euro 80 en Italie, Baresi faisait partie des 22, il manque d'un rien la convocation en tant que titulaire lors du « Mondialito » disputé en Uruguay, début 1981.

● En 81-82, le Milan AC retrouve la Série A. Baresi dispute une bonne première partie de championnat. En plein hiver, il est victime d'un mystérieux virus et, après bientôt quatre mois d'inactivité, regagne les terrains de jeu pour retrouver son équipe en position de reléguable. Le Milan AC retourne en D2. Cela n'empêche pas Franco d'être convoqué par Bearzot dans le groupe des 22 pour la Coupe du Monde en Espagne : en finale, il se trouve dans les tribunes du Bernabeu... Le premier match officiel ? Le 4 décembre 1982, à Florence, contre la Roumanie (0-0).

● Suivent trois championnats et demi, en Série A, sous la présidence de Giuseppe Farina. Le Milan AC réalise des prestations moyennes, alternant le bon (qualification en Coupe UEFA) et le moins bon (résultats irréguliers). Les étrangers se succèdent : Jordan, Gerets, Blissett, Wilkins, Hateley... Seul titre pour Franco : une Mitropa Cup (Coupe d'Europe centrale, organisée depuis l'entre-deux-guerres) en 1982, compétition réservée à des clubs issus de D2. En équipe nationale, Baresi est barré, au poste de libero, par un véritable monument : Gaetano Scirea. Et Franco ne veut pas entendre parler de recyclage à un autre poste...

● Monument, Franco l'est déjà au Milan AC depuis qu'il porte le brassard de capitaine, à 22 ans. Lorsque Silvio Berlusconi arrive à la tête du club, en février 1986, il décide d'en faire le porte-drapeau d'une équipe pleine d'ambition. Après une petite période de transition, « Sua Emittenza » (surnom de Berlusconi) place un inconnu, Arrigo Sacchi, au poste d'entraîneur. Sacchi impose aux Rossoneri un jeu hyper-offensif et à Baresi un rôle de meneur de jeu défensif. Franco s'impose rapidement comme le meilleur libero du monde. Et le Milan AC enlève la Coupe des champions, la Coupe intercontinentale, le Scudetto, etc.

● Avec la Squadra Azzurra, Franco est devenu titulaire indiscutable depuis la retraite de Scirea. Baresi dispute un Euro 88 de premier plan. En 1990, il réalise un Mondiale sans faute (la défense italienne n'a

Franco Baresi devance Brölin.

pas pris le moindre but jusqu'en demi-finale), mais l'Italie est sortie aux penalties par l'Argentine de Maradona. Fin 1991, Sacchi (qui au Milan AC a été remplacé par Fabio Capello) prend la place de Vicini et confirme Baresi comme élément indispensable à son système de jeu et à l'objectif fixé par la Fédération italienne : qualifier l'Italie pour la World Cup 94. Pourtant, Franco décide de prendre sa retraite internationale, au début de la saison 92-93, et ne participe pas au match Italie-Suisse, à Cagliari. Résultat : la Squadra Azzurra empoche miraculeusement le nul (2-2), après un match catastrophique en défense. Baresi, plébiscité par toute la presse, accepte de revenir sur sa décision : « De toute façon, ma femme n'aurait pas supporté bien longtemps de me voir assister, nerveux comme un gamin, aux matches de l'Italie devant mon poste de TV ! », lance-t-il avec humour, à son retour en sélection.

- En Italie, la presse a plusieurs fois fait campagne pour réclamer un Ballon d'Or pour Franco Baresi. En 1989, le libero du Milan AC n'a été distancé qu'in extremis par son coéquipier Marco Van Basten. En 1993, le jury italien le préfère même à Roberto Baggio. Mais Franco ne termine que 6e du référendum de *France-Football*.
- Janvier 1994, Silvio Berlusconi se lance dans la politique : Baresi a déjà déclaré qu'il était prêt à soutenir son président, au sein de son mouvement Forza Italia. Affaire à suivre.
- Contrat de Baresi avec le Milan AC : juin 1994. Possibilité de prolonger jusqu'en 1995. Ensuite ? Maldini devrait prendre sa place en tant que libero.
- Baresi en championnat (matches-buts) : 1977-78 (1-0) ; 1978-79 (30-0) ; 1979-80 (28-0) ; 1980-81 (31-0, Série B) ; 1981-82 (18-2) ; 1982-83 (30-4) ; 1983-84 (21-3) ; 1984-85 (26-0) ; 1985-86 (20-0) ; 1986-87 (28-2, Série B) ; 1987-88 (27-1) ; 1988-89 (33-2) ; 1989-90 (30-1) ; 1990-91 (31-0) ; 1991-92 (33-0) ; 1992-93 (29-0). 93 matches et 5 buts en Coupe d'Italie (fin 92-93). 40 matches et aucun but en Coupe d'Europe (fin 92-93).
- Franco roule en Volvo, adore les fruits de mer, écoute Riccardo Cocciante, admire Robert De Niro et Barbara Carrera. Il aime le tennis et la Formule 1.

PUMA
Casino

★ JOSEPH-ANTOINE BELL ★

CAMEROUN

Bell est bien le meilleur

● Joseph-Antoine Bell est né le 8 octobre 1954 à Mouandé (Cameroun). 1,81 m pour 78 kg. Marié à Félicité, que Joseph a connue au lycée de Douala. Ayant poursuivi ses études jusqu'à l'université, Bell est ingénieur en génie civil.

● Clubs successifs : Éclair Douala (1970-1971), Oryx Douala (1971-1972), Prison's Buéa (1972-1975), Union Douala (1975-1980), Africa-Sports Abidjan (1981-1982), Arab Contractors Le Caire (1982-1985), Olympique Marseille (1985-1988), SC Toulon (1988-1989), Girondins Bordeaux (1989-1991), AS Saint-Étienne (1991-1994).

● Palmarès : Championnat du Cameroun en 1976, 1978 ; finaliste de la Coupe du Cameroun en 1978 ; Coupe d'Afrique des clubs champions en 1979 ; championnat d'Égypte en 1983 ; Coupe d'Afrique des vainqueurs de Coupe en 1983 ; Coupe d'Afrique des nations en 1984, 1988 ; finaliste de la Coupe de France en 1986, 1987.

● Bell débute, à 16 ans, en D2 au sein de l'Éclair de Douala. Le garçon a du talent à revendre et devient rapidement international scolaire, en compagnie d'un certain Roger Milla... Après une saison à l'Éclair, Joseph-Antoine passe à l'Oryx Douala, en première division. L'expérience se solde par une relégation. Ce n'est apparemment pas la faute de « JAB », qui est élu Plus Jeune Footballeur camerounais en 1972. Bell joue ensuite avec le Prison's Buéa et obtient de très bons résultats en championnat du Cameroun : 5ᵉ en 1973 et surtout 2ᵉ en 1974.

● En 1975, Bell passe à l'échelon supérieur en signant une licence à l'Union Douala. Dans cette équipe, il va s'imposer comme l'un des meilleurs gardiens camerounais, remportant même le Ballon d'Or local en 1979. Outre 2 titres de champion, Joseph-Antoine engrange à l'Union une solide expérience internationale en disputant les compétitions africaines. Lors de la finale de Coupe des champions en 1979, il devient un véritable héros national. A l'occasion du match retour contre les Hearts of Oaks du Ghana [vainqueurs (1-0) à l'aller, de l'Union Douala], Bell transforme, à la 88ᵉ minute, le penalty qui permet au club camerounais de remporter le match (1-0) et de

Joseph-Antoine Bell et ses compatriotes camerounais à la Coupe d'Afrique des nations.

disputer l'épreuve des tirs au but. L'Union s'y impose (5-3), Joseph-Antoine marquant à nouveau 1 but.

● En sélection, Bell évolue régulièrement depuis 1975, même s'il doit souvent céder la place de titulaire à Thomas N'Kono. C'est d'ailleurs ce dernier qui dispute avec les Lions Indomptables la phase finale de la Coupe du Monde 1982 (Bell dans les 22). Les Lions Indomptables tiennent en respect (1-1) la Squadra Azzurra, futur vainqueur du Mundial espagnol !

● En 1981, Joseph-Antoine Bell s'exile en Côte-d'Ivoire, à l'Africa-Sports d'Abidjan, où il signe son premier contrat professionnel. Bell y connaît des fortunes diverses. En 1982, l'Africa dispute un quart de finale de Coupe des Coupes contre les Égyptiens de l'Arab Contractors. Après s'être imposée (2-0) à l'aller, l'équipe d'Abidjan perd (3-0) au pays des pharaons. Mais Bell a tapé dans l'œil des dirigeants du riche club cairote et part pour l'Égypte, accompagné du Sierra-Leonais Israël Dyfan.

● Dans le club du richissime homme d'affaires Osman Ahmed Osman, Bell retrouve un champion de la trempe du Ghanéen Abdul Razak. Arab Contractors réalise une superbe année 1983 : un titre de champion au nez et à la barbe des institutions que représentent le Zamalek et le National ; une Coupe des Coupes, en disposant en finale des Togolais de l'Agaza de Lomé. En Égypte, Joseph-Antoine connaît aussi le bonheur familial : sa femme Félicité met au monde, en 1985, un petit Tonio.

● Si, en 1982, Bell a laissé N'Kono défendre les buts du Cameroun, deux ans plus tard, c'est bien lui le titulaire de la sélection qui remporte, à Abidjan, la Coupe d'Afrique des nations. Les Lions Indomptables battent (3-1) le Nigeria en finale.

● En 1985, Bell rejoint l'Europe et signe à l'Olympique de Marseille. En France, Bell ne remporte aucun titre : il joue à Marseille avant que l'OM ne rafle tout sur son passage et passe aux Girondins de Bordeaux après l'époque dorée ! Le Camerounais collectionne ainsi les places d'honneur : 2 finales de Coupe de France (86, 87) et 2 places de dauphin en championnat (87, 90). Avec la France, il évolue donc dans un quatrième pays différent après le Cameroun, la Côte-d'Ivoire et l'Égypte. Joseph-Antoine fait aussi la connaissance de Bernard Tapie, président de l'OM.

● Pressenti pour garder les cages du Cameroun à Italia 90, Joseph-Antoine se voit finalement préférer N'Kono. Ce n'est que comme membre des 22 que Bell participe à l'exceptionnelle aventure des Lions Indomptables à la Coupe du Monde.

● Bell est très actif en ce qui concerne la lutte contre le racisme sur les stades. Il en est d'ailleurs lui-même souvent victime (inutile de rappeler les « bombardements » de bananes, etc.). Réflexion un peu désabusée du gardien camerounais : « Il n'y a qu'à Caen, Le Havre et Lens, que l'on m'ait parfaitement respecté. Il n'y a que sur ces 3 stades qu'il fait bon jouer. »

● Joseph-Antoine est aussi très actif pour la défense des droits des joueurs africains. Et n'a également pas sa langue dans sa poche lorsqu'il s'agit de dénoncer les pratiques de certains présidents de club (Tapie, etc.).

★ DENNIS BERGKAMP ★

PAYS-BAS

L'artilleur batave de l'Inter

● Né le 10 mai 1969 à Amsterdam, capitale des Pays-Bas. Fiancé à Henrita (contraction de Henrietta et Rita). 1,79 m pour 76 kg.

● Ses différents clubs : Wilskracht Amsterdam (1979-1981), Ajax Amsterdam (1981-1993), Inter Milan (1993-1994).

● Palmarès : Coupe des Pays-Bas en 1987, 1993 ; Coupe des vainqueurs de Coupe en 1987 ; finaliste de la Coupe des vainqueurs de Coupe en 1988 ; championnat des Pays-Bas en 1990 ; Coupe de l'UEFA en 1992.

● Dennis a grandi dans un des quartiers les plus populaires d'Amsterdam, Bos en Lommer. Détail curieux : son père est supporter de Feyenoord. Cela n'empêche pas Dennis de devenir très rapidement, en compagnie de ses deux frères, un fan de l'Ajax. Et c'est à deux pas du stade des « Lanciers » qu'il s'inscrit dans un club de football : à 10 ans, Dennis signe une licence pour le Wilskracht, un petit club amateur d'Amsterdam dont le nom, en français, signifie « volonté ». Jouer au Wilskracht est une tradition familiale chez les Bergkamp : le père et les frères de Dennis y ont également séjourné.

● A 11 ans, Dennis est remarqué par un entraîneur de l'Ajax qui l'invite à venir « taper le ballon » avec les gamins du prestigieux club d'Amsterdam. Un an après, Dennis laisse définitivement le Wilskracht et rejoint l'Ajax. A la différence de Van Basten, Bergkamp ne se fait pas remarquer tout de suite au sein des équipes de jeunes des « Lanciers ».

● Dennis évolue comme ailier gauche et, à l'occasion, au milieu, sur le flanc droit, voire dans le rôle de défenseur central. Ses coéquipiers s'appellent Richard Witschge, Bryan Roy, Frank De Boer, Michael Kreek : des joueurs qui font déjà parler d'eux et sont convoqués dans les différentes sélections de jeunes. Personne ne parle alors de Bergkamp. Il comprend qu'il lui faut travailler dur et suer plus que les autres. A l'Ajax, on salue d'ailleurs son sérieux et son courage.

● Personne ne s'intéresse à lui, hormis Johan Cruyff, l'entraîneur de l'Ajax. A la surprise générale, le triple vainqueur du Ballon d'Or l'intègre à l'équipe première

Bergkamp sous les couleurs de l'Inter.

au cours de la saison 86-87, sans qu'il ait joué avec la réserve. Bergkamp est le premier à s'étonner d'une telle décision. Mais il a conscience de l'opportunité que lui accorde Cruyff et redouble d'ardeur à l'entraînement. Le 14 décembre 1986, il fait ses débuts en D1 sous les couleurs de l'Ajax : sur son terrain du stade De Meer, le club d'Amsterdam bat (2-0) le Roda JC et Bergkamp évolue comme milieu de soutien. Par la suite, Dennis se retrouve régulièrement sur le banc de touche, jouant tout de même 14 fois (avec 2 buts en prime) lors de la saison 86-87.

● Dennis n'a cependant pas abandonné les études. Inscrit à l'âge de 14 ans à l'Atheneum, un lycée scientifique de haut niveau, il a toujours été considéré comme un élève discipliné, méthodique, et parfois brillant. Et malgré les entraînements et les matches à l'Ajax, il n'a jamais raté un cours. Bergkamp a ensuite commencé des études de physiothérapie qu'il a dû interrompre quand son emploi du temps avec l'Ajax ne lui permettait plus de se dédoubler. A la fin de sa carrière, Bergkamp espère les reprendre.

● Ce sérieux et cette rigueur, on les retrouve à l'occasion du premier match européen de Bergkamp. Nous sommes en mars 1987 et Cruyff le convoque pour un match de Coupe des Coupes à Malmö, en Suède, prévu le 13. Dennis fait alors savoir qu'il a, ce jour-là, un cours important au lycée et qu'il ne tient pas à le « sécher » : pour lui, qui n'est pas encore une vedette, les études sont plus importantes que le foot. Les dirigeants de l'Ajax s'inclinent devant cette noble décision. Par chance, le match est renvoyé au lendemain car le terrain est recouvert de neige. Ainsi, une fois son cours terminé, Dennis prend le train pour Malmö et joue.

● Match retour à Amsterdam : l'Ajax écrase Malmö (3-0) et Bergkamp explose littéralement et ridiculise son ange-gardien suédois, l'international Bergsson. Dennis n'a pas marqué mais a mis le public dans sa poche. La Coupe des Coupes semble d'ailleurs lui réussir : il dispute une superbe finale face au Lokomotiv Leipzig, et l'Ajax remporte le trophée. Cruyff avait, une fois de plus, vu juste...

● En 87-88, Bergkamp est titulaire indiscutable à l'Ajax. Et il continue de briller en Coupe d'Europe : en demi-finale contre Marseille, Dennis marque un but extraordinaire en partant du milieu du terrain pour achever sa course dans le but français avec le ballon dans les pieds. En finale, à Strasbourg, l'Ajax s'inclinc pourtant face à l'équipe de Malines. Bergkamp est encore loin de la machine à marquer qui séduit les dirigeants de l'Inter : en championnat, il marque seulement 5 buts en 25 rencontres.

● En 88-89, l'Ajax connaît une saison mouvementée sur le banc de touche avec l'entraîneur autrichien Kurt Linder, qui ne fait pas jouer Bergkamp et quitte rapidement le club. A sa place, on instaure un triumvirat formé de Kohn, Hulshoff et Van Gaal, qui accorde une totale confiance à Dennis. Résultat : il aligne d'octobre à janvier 10 rencontres consécutives où il marque un ou plusieurs buts et achève le championnat avec 13 buts à son actif.

● La saison suivante n'est pas inoubliable pour Bergkamp : 8 buts seulement (pour 25 matches) et l'Ajax exclu des coupes d'Europe à cause du comportement violent de ses supporters lors d'une rencontre face à

Bergkamp à l'Euro 92 contre le Danemark.

l'Austria de Vienne. Le club connaît de plus des problèmes d'organisation et a des rapports difficiles avec son public. L'Ajax enlève tout de même le titre.

● Avec la saison 90-91, Bergkamp s'affirme définitivement. Le 26 septembre 1990, il débute en équipe nationale, à Palerme, contre l'Italie (la Squadra Azzurra l'emporte (1-0), but de Baggio). Au mois de mai suivant, on le retrouve à la première place du classement des buteurs, en compagnie de Romario, avec un total de 25. La couronne de meilleur buteur du championnat, Dennis la rafle également en 91-92 (25 buts) et 92-93 (26 buts). Au niveau européen, il remporte la Coupe de l'UEFA en 1992 aux dépens du Torino, avant de disputer, en Suède, un championnat d'Europe un peu mitigé.

● Barcelone, la Juventus et le Milan AC lui font les yeux doux dès l'été 1992. Bergkamp préfère toutefois rester à l'Ajax. Surtout qu'il vient d'emménager avec sa famille dans un pavillon de Wilnis, un tranquille petit village situé à une trentaine de kilomètres d'Amsterdam.

● En février 1993, Ernesto Pellegrini, le président de l'Inter, réussit à le convaincre de faire ses valises pour l'Italie. Avec son ami Wim Jonk, Dennis tente donc l'aventure du Calcio. Une aventure qui débute sur la pointe des pieds : l'Inter d'Oswaldo Bagnoli connaît quelques problèmes au cours de la saison 93-94 et Bergkamp ne tourne pas à plein régime. Il termine quand même 2e du Ballon d'Or 1993, derrière l'irrésistible Roberto Baggio.

★ ALEN BOKSIC ★

CROATIE

Il garde Marseillle au fond du cœur

- Né le 21 janvier 1970 à Makarska, un village de Dalmatie, sur la côte adriatique de la Croatie. Marié avec Hajda depuis le début de l'année 1993, qui aura également été marquée par la naissance, au printemps, de leur fille, Stella. Suivra celle d'Antonio, un an plus tard.
- Ses différents clubs : Smaj Makarska (1979-1982), Hajduk Split (1982-1991), AS Cannes (1991-1992), Olympique Marseille (1992-1993), Lazio Rome (1993-1994).
- Palmarès : championnat du Monde juniors en 1987 ; Coupe de Yougoslavie en 1991 ; championnat de France en 1993 ; Coupe d'Europe des clubs champions en 1993.
- Son enfance, Alen la passe dans la petite station balnéaire de Makarska, à 60 kilomètres de Split. Avec son ami de toujours, Mario Jankovic, il fait régulièrement l'école buissonnière pour jouer au foot dans les terrains vagues. De temps en temps, Alen et Mario allaient voler des fruits ou des pigeons : le premier guettait, le second opérait !
- Alen n'a pas encore 10 ans lorsque sa mère, Anka, décide de l'inscrire au Smaj (« le dragon »), le club de Makarska. Assez amusante, la façon dont elle lui a présenté la chose : « Tu vas jouer dans un club, puisque tu ne sais rien faire d'autre ; là, au moins, ils fournissent les chaussures. » Alen progresse rapidement et, à 12 ans, participe à un stage organisé par

Alen Boksic et ses grands amis, Pelé et Boli.

Boksic s'échappe. Généralement, il est irrattrapable.

l'Hajduk Split. Il tape dans l'œil de l'un des entraîneurs, Sergije Kresic, qui le conseille aux dirigeants du club. Son ami Mario commence, lui, à goûter de la prison...

● Le 12 juillet 1982, Boksic est admis dans le centre de formation de l'Hajduk, qu'il ne fréquente vraiment qu'à partir de 1983. Il y partage sa chambre avec un certain Zvonimir Boban, avec qui il devient grand copain.

● Alen se lie également d'amité avec Stimac (qui joue actuellement à Cadix) et passe son temps libre au *Semaforo* : dans ce café de Split, il fait la connaissance de Hajda, la meilleure amie de la fiancée de Stimac.

● En 1983, Alen effectue son premier séjour à l'étranger, à l'occasion d'un tournoi international pour jeunes organisé à Rome. Par le plus grand des hasards, il se retrouve, au retour d'un match, dans le car de la Lazio. Du coup, il s'achète le maillot du club romain avec le peu d'argent qu'il possède. Clin d'œil du destin ?

● A 16 ans, Alen est déjà considéré comme l'un des plus brillants éléments du centre de formation. Mais il ne se monte pas la tête et effectue même un stage à l'école hôtelière, pour ne pas dépendre exclusivement du foot. Ainsi, Alen travaille quelque temps au restaurant de l'Hajduk.

● A la fin de la saison 86-87, Boksic dispute son premier match avec l'Hajduk. En octobre, le jeune attaquant est retenu dans la sélection juniors qui participe au championnat du Monde, organisé au Chili.

L'équipe yougoslave survole le tournoi et s'empare du titre en battant la RFA en finale. Boksic n'est cependant pas titulaire de la formation, qui comprend des joueurs tels que Boban, Jarni, Mihajlovic, Mijatovic, Vucevic et Suker.

● Avec l'Hajduk, Boksic dispute 4 belles saisons et totalise 27 buts en 95 matches de championnat. Son seul titre, une Coupe de Yougoslavie : Alen et Split ont, il est vrai, dû lutter contre l'Étoile Rouge, qui raflait tous les titres. En sélection, Alen n'a pas connu de réelle réussite : inclus dans le groupe des 22, il ne dispute aucun match de la Coupe du Monde 1990. Il n'en disputera d'ailleurs jamais aucun et devra, pour cela, attendre la création d'une équipe de Croatie.

● La saison 90-91 est une bonne cuvée pour Boksic : en novembre il joue (et perd) la finale du championnat d'Europe espoirs ; au mois de mai suivant, il gagne la Coupe de Yougoslavie en marquant l'unique but de la finale contre l'Étoile Rouge. Cela sous les yeux de Goethals et de Bernès, qui s'étaient déplacés à Belgrade pour superviser leurs futurs adversaires de la finale européenne de Bari.

● Les dirigeants de l'OM se renseignent sur Boksic : il n'a que 21 ans et ne peut quitter son pays. Mais Robert Prosinecki obtient une dérogation pour jouer au Real Madrid : c'est la brèche qui va permettre à Boksic, Boban, Suker, Jarni, puis Savicevic de s'expatrier. Tapie profite de l'occasion et engage Alen.

● D'après la législation UEFA, Boksic risque pourtant d'être suspendu. Mais la situation en Yougoslavie pousse à un maximum de clémence et Alen débarque en France. Tapie le prête à l'AS Cannes, qui lui fait jouer 1 match... sans licence. La FFF suspend le Croate jusqu'à la fin de la saison 91-92, que Boksic va passer à Marseille, où il s'intègre rapidement au groupe. A défaut de pouvoir jouer.

● Pendant cette période sans match, Bernard Tapie est toujours très proche de Boksic. Alen lui en sera reconnaissant : au cours de la saison 92-93, le Croate explose littéralement, s'imposant comme le meilleur buteur du championnat (23 buts en 37 matches). En Ligue des champions, ses 6 buts contribuent en grande partie à qualifier Marseille pour la finale de Munich.

● La Lazio fait savoir à Tapie qu'elle s'intéresse grandement à Boksic. Au début du mois de juillet 1993, le président de l'OM négocie avec Sergio Cragnotti, son homologue romain, le transfert d'Alen dans la capitale italienne à partir de la saison 94-95. Les retombées du scandale Valenciennes-Marseille précipitent le départ de Boksic à Rome. Il joue son premier match de Série A avec la Lazio le 7 novembre à Naples, et s'impose (2-1).

Boksic sous le maillot de la Lazio.

● Boksic roule en BMW, aime lire (biographies et BD), écouter de la musique (le rock en général, Eros Ramazzotti en particulier) et admire Paolo Futre. Son temps libre ? Alen préfère le passer en famille.

● Sur la situation dans l'ex-Yougoslavie : « Les musulmans bosniaques ont toujours été les plus fervents défenseurs de l'union. Fonder une république islamique ? C'est une foutaise inventée par les Serbes : en Bosnie, je n'ai jamais vu une femme voilée et les hommes, même s'ils font le ramadan, boivent comme des trous et mangent du porc ! De tous les peuples yougoslaves, les Bosniaques étaient les seuls à ne jurer que par l'union... Les Slovènes ont toujours été considérés comme des Allemands : sérieux, stricts, rigoureux. Quant à nous, les Croates, nous sommes comparables aux Italiens... »

★ BASILE BOLI ★

FRANCE

Le Basilou qu'on aime

● Né le 2 avril 1967 à Adjamé, faubourg d'Abidjan (Côte-d'Ivoire). Marié à Geneviève, un enfant (Bérangère). 1,82 m pour 78 kg.

● Ses différents clubs : Romainville (1980-1982), AJ Auxerre (1982-1990), Olympique Marseille (1990-1994).

● Palmarès : championnat de France en 1990, 1991, 1993 ; finaliste de la Coupe d'Europe des clubs champions en 1991 ; finaliste de la Coupe de France en 1991 ; champion d'Europe en 1993.

● Basile a vécu toute son enfance à Abidjan. Là-bas, il existe un petit mystère sur son âge : certains de ses camarades de jeu affirment qu'il a bien 3 ou 4 ans de plus que sur sa carte d'identité. D'ailleurs, lorsqu'il arriva à Auxerre, Basile éveilla fortement la curiosité de Guy Roux. L'entraîneur auxerrois lui fit passer autour du poignet un bracelet humiliant, devant déterminer son âge réel. Revenons à la Côte-d'Ivoire, où la situation économique devient si précaire à la fin des années 70 que papa Jean médite de partir. A 12 ans, Basile (et sa famille) quitte l'Afrique et s'installe dans la proche banlieue parisienne, à Romainville.

● Le virus du football contamine Basile et ses frères, Roger (né en 1965) et Laurent (1972). Alors, ils se retrouvent le plus naturellement du monde dans l'équipe locale de l'US Romainville. Le club obtient d'excellents résultats et en peu de temps le nom des Boli fait le tour des centres de formation de l'Hexagone. Fin de saison 81-82 : Auxerre, qui vient d'achever sa première année en D1, les courtise et les fait venir en Bourgogne : plutôt impressionné par Roger, Guy Roux s'est décidé au dernier moment à recruter aussi Basile. Il ne le regrettera pas...

● Pour le jeune Basile, les premiers temps sont difficiles : après seulement deux jours de mise au vert, il parle déjà de rentrer à la maison et le fait savoir haut et fort. Réponse de Rolland, le responsable du centre : une belle claque, et Basile oublie vite ses projets de fuite !

● En fait, Rolland, le responsable du centre de formation, a vite remarqué les extraordinaires qualités athlétiques de Basile. Il croit aveuglément en son talent et le fait travailler comme un fou. Les résultas se font vite sentir : le 29 avril 1983, Basile débute en première division à Monaco (match nul 1-1). A la fin de ce match, Basile fonce sur le banc de touche embrasser le kiné d'Auxerre, devenu son ami depuis l'arrivée du jeune Boli en Bourgogne. Il sera, plus tard, le témoin de Basile à son mariage.

● A partir de la saison 83-84, Boli devient titulaire de l'AJA, au poste de stoppeur. En trois ans, il dispute 107 matches de championnat (3 buts). Septembre 1984, Basile débute même en Coupe de l'UEFA, contre les Portugais du Sporting Lisbonne (AJA éliminée).

● Basile dispute à son nouveau poste de libero les 38 matches de la saison 86-87. C'est un joueur définitivement épanoui, et un garçon responsable qui occupe un appartement, en ville, avec son frère Roger.

● Le 19 août 1986, à Lausanne, Basile débute en équipe de France, contre la Suisse. Les Bleus perdent (2-0) et Boli ne trouve pas vraiment ses marques. Il se rachète complètement, le 10 septembre, en Islande, à l'occasion d'un match de qualification au championnat d'Europe. Basile est entré dans le club France : il ne le quittera plus.

● Bernard Tapie, le président de l'OM, veut absolument que Boli signe chez lui. Chose faite à l'été 1990. Pour Basile, c'est une mission de taille : il rejoint la meilleure équipe française, mais aussi une ville, Marseille, qui connaît de sérieux problèmes de racisme. Lors des premiers matches au Vélodrome, on lui lance même des bananes et des slogans hostiles apparaissent sur les murs. Cela ne dure pas longtemps : Basile a du talent et du caractère à revendre et il met rapidement tout le monde dans sa poche. Il faut dire que Basile n'a peur de personne. Pas même de son volcanique président, avec qui il aura l'occasion de

Boli, puissant et rapide, comme toujours.

La tête « historique » de Munich. Basile bien au-dessus de Rijkaard et Baresi.

s'accrocher pour des histoires de primes non payées. Et Tapie a toujours apprécié la franchise et le courage de Boli.

● En 90-91, Basile réalise une saison de toute beauté : 8 buts en 38 matches et double qualification pour la finale de la Coupe des champions et celle de la Coupe de France. Malheureusement, l'OM s'incline aux penalties, à Bari, face à l'Étoile Rouge de Belgrade et la France laisse passer une Coupe d'Europe dont elle rêve depuis plus de trente-cinq ans : sur la pelouse, Basile s'effondre, en larmes. Dans la foulée, Marseille perd même la finale de la Coupe, en s'inclinant (1-0) face à l'AS Monaco.

● Deux ans plus tard, Basile et Marseille entrent dans l'Histoire : sur un coup de tête de Boli, l'OM est le premier club français à remporter une Coupe d'Europe, la Ligue des champions. Troisième titre en poche, pour Basile, qui joue 32 rencontres de championnat (4 buts). Il est même question que Basile parte jouer en Italie. C'est en tout cas l'orientation prise au printemps 1993... Après la victoire de Munich, « Basilou », devenu une sorte de dieu vivant à Marseille, se sent un peu obligé de rester.

● Puis arrive le scandale du match Valenciennes-OM, l'exclusion de la Coupe d'Europe et les problèmes financiers du club : on parle à nouveau d'un transfert de Boli en Italie, à Naples, puis au Torino. En fin de compte, ce sont Boksic, Futre et Desailly qui partent. Basile serait actuellement en train de faire ses valises pour la Juventus de Turin. Au printemps, il a raconté son histoire dans un superbe livre : *Black-Boli*.

SHARP

★ ÉRIC CANTONA ★

FRANCE

Impertinent comme un British

● Né le 24 mai 1966 à Marseille, département des Bouches-du-Rhône. Attaquant de 1,87 m pour 80 kg. Cantona est un Marseillais aux origines toutes latines : ses grands-parents paternels sont sardes et ses grands-parents maternels sont catalans.

● Né à Marseille, dans le « chaud » quartier des Caillols, Éric est le deuxième d'une famille de trois frères, avec un père infirmier dans un hôpital psychiatrique et une mère femme au foyer. C'est dans le club des Caillols qu'Éric débute, tout gamin. Il joue tout d'abord dans les buts, avant de se diriger rapidement à la pointe de l'attaque. A 15 ans, il intègre le centre de formation de l'AJ Auxerre.

● Voici les différents clubs d'Éric, après ses débuts aux Caillols de Marseille : AJ Auxerre (1981-1985), FC Martigues (1985-1986), AJ Auxerre (1986-1988), Olympique Marseille (1988-1989), Girondins Bordeaux (1989), Montpellier (1989-1990), Olympique Marseille (1990-1991), Nîmes Olympique (1991), Leeds United (1992), Manchester United (1992-1994).

● Palmarès : championnat de France en 1989, 1991 ; championnat d'Angleterre en 1992, 1993 ; championnat d'Europe Espoirs en 1988.

● Les grandes qualités techniques de Cantona et son caractère batailleur plaisent à Guy Roux, qui suit Éric de près, depuis son arrivée à Auxerre en 1981. Ainsi,

Éric Cantona prend de vitesse le Suédois Limpar.

Cantona pour un grand match France-Belgique, au Parc.

le « jeunot » des Caillols débute en D1 contre Nancy le 5 novembre 1983. Il joue ensuite 1 autre match, puis 4 (plus 2 buts) la saison suivante.

● En juin 1985, Cantona remporte la Coupe Gambardella en marquant 3 buts, en finale, face à Montpellier. Guy Roux est enthousiaste et songe presque à en faire un titulaire pour la saison 85-86. Mais après 7 matches de D1 et un premier tour de Coupe UEFA, face au Milan AC (Auxerre éliminé et Cantona en jeu pendant seulement une mi-temps, au retour, à San Siro), l'entraîneur de l'AJA décide d'envoyer Éric « se faire les os » en D2 à Martigues.

● Expérience positive pour Éric, qui réalise une grandissime saison 86-87 avec Auxerre (36 matches – 13 buts) et la sélection Espoirs. Des Espoirs que « Canto » va porter sur ses épaules jusqu'en finale de championnat d'Europe. Finale qu'Éric offre en avril 1988 à son sélectionneur Marc Bourrier en marquant 3 buts, en 2 rencontres, contre l'Angleterre en demi-finale. Parfaite entente avec Bourrier et surtout avec Stéphane Paille, son compagnon des Bleus.

● Au cours de la saison 87-88, Cantona a même débuté en sélection A, face à la RFA à Berlin : la France s'est inclinée (2-1), mais Éric a marqué pour sa première apparition. A ses côtés, un joueur avec qui il fera de grandes choses : Jean-Pierre Papin. En championnat, Éric a disputé 32 matches (8 buts) avec Auxerre et attiré l'attention de Bernard Tapie, qui le fait venir à Marseille pour 20 millions de francs.

● Son premier chapitre d'« enfant terrible » du football français, Éric l'écrit, le 26 août 1988, à la fin du match Strasbourg-Marseille. Deux jours plus tôt, Henri Michel a donné la liste des convoqués pour France-Tchécoslovaquie et a préféré ne pas retenir Cantona, « pas au mieux de sa condition physique », le laissant à disposition de l'équipe Espoirs. Voici la réponse du joueur, à Strasbourg : « Tant que Henri Michel sera sélectionneur, je ne jouerai plus en équipe de France... Que l'on choisisse entre moi et lui... Henri Michel est l'un des entraîneurs les plus mauvais de tout le football, rien d'autre qu'une m... » Cantona s'excusera. Ce qui n'empêche pas le Conseil fédéral de le suspendre pour un an en équipe nationale et 5 matches en championnat.

● En janvier 1989, une goutte d'eau fait déborder le vase marseillais : lors d'un match amical entre l'OM et le Spartak Moscou, Cantona quitte le terrain en jetant son maillot à terre. Tapie décide alors de l'expédier à Bordeaux, sous forme de prêt, pour y finir la saison (11 matches et 6 buts avec les Girondins).

● La saison 89-90, « Canto » la passe à Montpellier, où son association avec Paille fait rêver supporters et dirigeants. Éric dispute 33 rencontres et marque 10 buts (deuxième buteur du club, derrière Laurent Blanc, 12 buts). Paille ne trouve, lui, que quatre fois le chemin des filets et Montpellier doit se contenter d'une modeste 13e place en championnat. Le club de Louis Nicollin sauve sa saison en enlevant la Coupe de France, en battant (2-1) le Racing de Paris en finale. En cours d'année, Éric s'est encore singularisé en s'accrochant avec Lemoult, dans les vestiaires, à l'occasion d'un match de championnat.

● De retour à Marseille, Cantona fait un début de saison 90-91 encourageant, mais Bernard Tapie le cède à Nîmes pour 10 millions de francs.

● Avec l'OM, en 90-91, « Canto » a quand même marqué 8 buts en 18 rencontres de championnat. Alors, du côté de Nîmes, on lui accorde une confiance aveugle : Éric est nommé capitaine d'une équipe bâtie autour de lui avec des joueurs tels que Vercruysse, Ayache, Bracigliano et Lemoult, avec qui Cantona a fait la paix. Mais après quatre mois et 16 matches de championnat, « Canto » fait encore des siennes, jette le ballon sur l'arbitre et se fait lourdement suspendre (deux mois). Il décide d'arrêter le football et d'entreprendre la carrière d'acteur. En janvier 1992, cédant à l'insistance de Michel Platini, Éric s'envole pour l'Angleterre et le Sheffield Wednesday de Trevor Francis. Ce dernier veut le mettre une semaine à l'essai et « Canto » n'accepte pas : « Un joueur de l'équipe de France n'a pas à être mis à l'épreuve. » Cantona quitte Sheffield et se rend à Leeds, où il est immédiatement titularisé.

● Éric est, dans un premier temps, prêté par Nîmes, qui le cède définitivement au mois de juin 1992. Leeds ne va pas le regretter : en 13 matches et 3 buts, Éric propulse le club à la première place du championnat anglais. Jusqu'à la dernière journée : Leeds et « Canto » sont champions !

● Après un Euro 92 raté, Éric retourne à Leeds. Il y joue 13 rencontres de Premier League et marque 6 buts. En Coupe des champions, Leeds élimine Stuttgart (il marque), avant de subir la loi des Glasgow Rangers (Éric marque au match retour). Fin no-

Cantona dans un « pas de deux » très britannique.

SHARP

Le premier match d'Éric Cantona sous le maillot de Manchester, en Coupe d'Europe, contre Benfica.

vembre, Cantona est transféré à Manchester United, distancé au classement par Norwich et Blackburn. L'arrivée du « Frenchie » transforme l'équipe de Fergusson, qui remporte le championnat après vingt-sept ans d'abstinence. « Canto », 9 buts en 22 matches, est devenu une idole à Manchester.

- En sélection, l'élimination de la France par la Bulgarie provoque de vives polémiques avec David Ginola. Pas heureux pour deux sous au niveau international, Éric disparaît aussi des Coupes d'Europe : Manchester United est éliminé par Galatasaray en huitième de C1.
- Éric Cantona a été élu au mois d'avril dernier à Londres meilleur footballeur de l'année en Angleterre par ses pairs, l'Association des joueurs professionnels. C'est la première fois qu'un étranger reçoit cette récompense au sein de la Ligue anglaise.

NIKE
KAISER'S

★ STÉPHANE CHAPUISAT ★

SUISSE

La flèche suisse de la Bundesliga

● Né le 28 juin 1969 à Lausanne, dans le canton de Vaud. 1,80 m pour 74 kg. Marié à Véronique, une fille, Cindy (1993). Stéphane Chapuisat est un « enfant de la balle » : son père, Pierre-Albert, dit « Gabet », a joué comme libero à Lausanne, au Paris FC (une saison, en 1972) et au FC Zurich, totalisant 34 sélections avec l'équipe de Suisse. Une fois bouclée sa carrière pro, « Gabet » a joué dans diverses équipes amateurs jusqu'à près de 40 ans. Il entraîne aujourd'hui le club de Montreux.

● Ses différents clubs : FC Zurich, Red Star Zurich, Lausanne-Sports, ES Malley (1985-1987), Lausanne-Sports (1987-1991), Bayer Uerdingen (1991), Borussia Dortmund (1991-1994).

● Palmarès : finaliste de la Coupe de l'UEFA 1993.

● Stéphane est marié à Véronique et, depuis janvier 1993, est l'heureux papa de Cindy. Une naissance qui, au passage, a momentanément rompu la tradition footballistique des Chapuisat, garçons-footballeurs par excellence : outre le père de Stéphane, son grand-père, Henry était lui aussi de la partie puisqu'il a porté les couleurs du Lausanne-Sports en tant que stoppeur.

● Stéphane Chapuisat évolue successivement au sein des équipes de jeunes du FC Zurich, du Red Star Zurich et, bien sûr, de Lausanne-Sports.

● Pour l'endurcir, « Gabet » pousse son rejeton vers le club de troisième division de l'ES Malley. Le contact avec l'éprouvante réalité d'un championnat amateur de haut niveau est un test décisif pour le jeune Chapuisat : Stéphane peut « flamber » avec des garçons de son âge, mais comment va-t-il réagir face à de rudes défenseurs d'expérience ?

● Le passage de Stéphane à Malley est une véritable réussite : après trois mois difficiles, il explose littéralement, marquant 18 buts.

● Stéphane décide de retourner tenter sa chance au Lausanne-Sports, en D1. Il s'impose rapidement après avoir débuté victorieusement (3-1) contre le FC Zurich, au stade de La Pontaise, l'enceinte du club de Lausanne. Bilan de la saison 87-88 : il joue 33 des 36 matches de son équipe en championnat, au cours d'une saison régulière que Lausanne-Sports conclut à la 8e place et de play-offs bouclés au 7e rang, avec le titre entre les mains du Neuchatel Xamax de Gilbert Gress. Pour sa première saison en D1, Stéphane marque 12 buts et trouve la satisfaction d'évoluer au côté de l'Italien Antognoni, venu achever en Suisse sa glorieuse carrière.

● Deux ans plus tard, Chapuisat va vivre deux nouveautés : la Coupe d'Europe et un transfert à l'étranger. En ce qui concerne l'Europe, Stéphane la decouvre le 19 septembre 1990, lors du match aller de 32e de Coupe UEFA, contre les Espagnols de la Real Sociedad. Lausanne l'emporte (3-2) et Chapuisat marque le deuxième but de son équipe. Malheureusement pour eux, les Suisses sont éliminés au retour en perdant (1-0) sur un but d'Aldridge.

● Stéphane réalise une superbe première partie de saison avec Lausanne, (13 buts en 20 matches). Nottingham Forest et le Bayer Uerdingen s'intéressent à cet attaquant de 21 ans.

● Stéphane choisit l'Allemagne. « J'avais l'avantage de parler allemand », dit-il. Hélas, il se blesse rapidement. Le club descend en deuxième division. Stéphane change d'air. A l'intersaison 91-92, Ottmar Hitzfeld, ancien entraîneur des Grasshopper Zurich, devient le coach du Borussia Dortmund et insiste pour l'avoir à son service. Les dirigeants du Borussia obtiennent le prêt du joueur suisse, puis décident rapidement de racheter son contrat et déboursent 10 millions de francs.

L'intenable Chapuisat dans la Bundesliga.

● Le Borussia et Chapuisat réalisent une saison 91-92 formidable : ils ne cèdent le titre qu'à la toute dernière journée, s'inclinant à la différence de buts face au VfB Stuttgart (+ 19 contre + 30). Au classement des buteurs, c'est encore un joueur de Stuttgart, Fritz Walter, qui coiffe Chapuisat sur le poteau en marquant 22 buts, contre 20 au footballeur suisse. 20 buts marqués en 37 matches qui attirent les recruteurs du Calcio. Et Chapuisat manque de peu de partir à la Roma, pendant l'été 1992.

● La saison 92-93 est celle de la consécration (bilan en championnat : 30 matches, 15 buts). En Europe, il atteint la finale après avoir marqué 4 buts et éliminé Auxerre en demi-finale. Chapuisat en garde un souvenir particulier, né du traitement de choc que lui avait réservé Prunier. « Un drôle de mec, dans son genre », souligne Stéphane. Face à la Juve, Chapuisat n'a pas vraiment eu l'occasion de briller, tant la différence était grande entre les deux équipes.

● En sélection, Chapuisat réalise des prouesses. Inclus dans le groupe de l'Italie et du Portugal, les Suisses créent la surprise en se qualifiant pour la phase finale. Avec 1 nul (2-2) et 1 victoire (1-0) sur la Squadra Azzurra, première du groupe 1. En Sardaigne, Stéphane marquera d'ailleurs 1 but à Marchegiani, qui avait cherché à le dribbler.

★ MARTIN DAHLIN ★

SUÈDE

La rumba dans la forêt suédoise

● Né le 16 avril 1968 à Uddevalla (province de Göteborg), à une vingtaine de kilomètres du lac Vänern, le plus vaste du pays. 1,85 m pour 84 kg. Martin naît de l'union d'une Suédoise et d'un Vénézuélien de couleur qui finit par abandonner femme et enfant pour regagner son pays, après quelques années de vie commune dans la triste petite ville d'Uddevalla. Martin porte le nom de sa mère (Akins est le nom de son père). Actuellement, le père de Martin réside à Londres. Lorsque celui-ci est retourné au Venezuela, Martin et sa mère ont déménagé à Lund, ville voisine de Malmö. C'est à Lund que Martin Dahlin a fait ses premiers pas de footballeur.

● Ses différents clubs : Lund BK (1985-1986), Malmö FF (1986-1991), Borussia Mönchengladbach (1991-1994).

● Palmarès : championnat de Suède 1988 ; Coupe de Suède 1989.

● Martin n'est pas marié, mais partage sa vie avec Madeleine Gorrensson, de deux ans son aînée. Madeleine, qu'il a connue à Malmö, réalise des livres pour enfants (elle en écrit les histoires et fait les dessins). Son premier album est paru au cours de l'été 1993.

● Lorsque avec sa mère il arrive à Lund, Martin s'inscrit donc dans le club local, le LBK. Il gagne l'estime de ses coéquipiers et dirigeants, qui découvrent en lui

Martin Dahlin l'opportuniste. Il chipe la balle au Danois Schmeichel.

Dahlin avec les « Verts » de Mönchengladbach.

un attaquant sans peur et sans reproche. Et sûr de lui : « Cette force, c'est ma mère qui me l'a communiquée. Elle n'a jamais fait partie de ce type de personnes qui, omniprésente, détruit en paroles son gamin, depuis la ligne de touche. En revanche, elle était toujours là quand j'en avais besoin, à me consoler quand tout allait mal et à me répéter : "Écoute, Martin, il y a un autre match, dimanche prochain." »

● Martin est rapidement repéré par les recruteurs du Malmö FF : à 18 ans, il rejoint l'un des plus prestigieux clubs suédois. En 1987, l'entraîneur anglais Roy Hodgson l'intègre à l'équipe première. Mais Martin effectue son service militaire et perd une partie de son potentiel : il passe ainsi une année à fréquenter le banc de touche.

● Coup de pouce du destin : Lars Larsson, meilleur buteur du championnat 1987 avec 19 buts, se blesse. La saison 1988 offre au jeune Martin Dahlin l'occasion de faire parler de lui. Il ne la laisse pas passer et devient en peu de temps la véritable vedette de l'équipe. Puis la grande révélation du championnat, que Malmö domine de la tête et des épaules.

● A 20 ans, Martin connaît déjà la consécration. D'ailleurs, l'après-match du sacre, alors que toute l'équipe de Malmö se trouve au *Café Opéra*, le bar le plus chic de Stockholm, pour fêter le titre, Martin est au casino, entouré de charmantes créatures, à signer des centaines d'autographes !

● La Suède est tombée sous le charme de cet attaquant doté d'une grande puissance athlétique. Meilleur buteur du championnat pour sa première saison chez les professionnels, Martin est le type même de l'avant-centre moderne qui aime participer à l'action, faire des appels de balle et donner le ballon au coéquipier le mieux placé. De plus, il ne se perd jamais dans des séries interminables de dribbles et ne cherche pas à « tirer la couverture à lui ». Même s'il préfère tirer du droit, Dahlin possède une belle frappe du gauche.

● Au niveau de la sélection, Martin a déjà évolué dans toutes les équipes de catégories d'âge et, le 31 juillet 1988, il devient le premier joueur de couleur à porter le maillot de l'équipe A, au cours d'un match amical contre le Brésil, à Stockholm. En fait, ce match a servi de préparation à la sélection suédoise pour les Jeux de Séoul, auxquels participait Dahlin.

● A l'aube de la saison 1991, le Malmö FF songe pourtant à se séparer de Dahlin. Il part pour Mönchengladbach.

● A l'Euro 92, en Suède, Dahlin arrive après une désastreuse première saison en Bundesliga, ponctuée par un maigre bilan de 12 matches et 2 buts. Les raisons ? Une blessure et des problèmes d'acclimatation.

● Cela n'empêche pas Dahlin de participer à l'Euro 92 où, mis à part la première rencontre contre la France, il dispute tous les matches de l'équipe de Suède. Son entente avec Brölin et son omniprésence balle au pied, à mi-hauteur et de la tête, dans les défenses adverses, en font l'une des révélations du championnat d'Europe, que la Suède boucle en demi-finale, face à l'Allemagne.

● De retour à Mönchengladbach, Martin connaît un début de saison discret : mais le Suédois se déchaîne lors des matches retour en inscrivant 10 buts (pour un total de 20 rencontres sur l'ensemble de la saison). Outre Max, Dahlin a également très bien fonctionné avec le Togolais Bachirou Salou, avec qui il forme la *Black Power Target Line*.

● Avec la sélection de Suède, Martin brille de mille feux et obtient la qualification pour la Coupe du Monde aux États-Unis en marquant, au passage, à chacune des deux rencontres qui l'ont opposé à la France. Selon le sélectionneur Tommy Svensson, Dahlin est à l'heure actuelle le meilleur attaquant suédois.

Martin Dahlin dans l'équipe suédoise.

- Dahlin est sous contrat avec Mönchengladbach jusqu'en 1996. Il existe une clause dans ce contrat qui le libère automatiquement en échange d'une certaine somme. C'est dans ce cadre qu'avaient eu lieu les contacts avec Bordeaux à l'automne 1993.
- Après des débuts difficiles à Mönchengladbach (au point qu'il était surnommé *Thekenfussballer*, « joueur du dimanche »), Dahlin s'est parfaitement intégré à l'Allemagne. Même s'il continue à n'apprécier que le Coca-Cola, dans un pays où la bière est une véritable institution !
- Ses hobbies : jouer au golf et écouter de la musique rock (Madonna, qu'il rêve de rencontrer ; Bruce Springsteen, Phil Collins et Simple Reds). Son look : démarche chaloupée, T-shirt sur carrure impressionnante, bottes de cow-boy et anneau à l'oreille.

★ MARCEL DESAILLY ★

FRANCE

Le mamelouk de San Siro

● Né le 7 septembre 1968 à Accra, capitale du Ghana. 1,83 m pour 80 kg. Il est né d'un second mariage de sa mère, Élisabeth. En premières noces, celle-ci avait mis au monde Frais, Mispeur et Seth. Marcel connaît à peine son père, dénommé Abey. Il l'a rencontré pour la première fois au cours de vacances passées à Accra, en 1990. « Ce jour-là, il m'a dit qu'il avait souvent entendu parler de moi, qu'il avait un peu suivi ma carrière. Et surtout, qu'il était content que je fasse le même métier qu'Abedi Pelé, un monument national au Ghana », raconte trois ans plus tard le milieu de terrain du Milan AC. Marcel Desailly porte, en fait, le nom et le prénom du consul général de France en poste à Accra à la fin des années 60. Celui-ci a connu la mère de Marcel alors qu'elle travaillait au consulat et a pris la charge des quatre enfants. C'est cet homme que Marcel a toujours considéré comme son véritable père.

● Ses différents clubs : FC Nantes (1982-1992), Olympique Marseille (1992-1993), Milan AC (1993-1994).

● Palmarès : championnat de France 1993 ; Coupe d'Europe des clubs champions 1993.

● Marcel a seulement 4 ans lorsque toute la famille s'installe à Nantes. Il y passe une enfance des plus heureuses au sein d'une cellule familiale que, depuis le décès de « Papa Marcel », dirige Seth, né en 1961. Seth aura une grande influence sur le jeune Marcel, qui nourrit pour lui une énorme admiration.

● Au collège, Marcel fréquente une section sport-études et pratique, outre le football, tennis et athlétisme. D'ailleurs sa grande idole sportive est Edwin Moses. Et comme il joue très bien au tennis (selon lui, « à l'époque, mieux qu'au football ! »), Marcel songe même sérieusement à se spécialiser dans cette discipline.

● Mais à 14 ans, Marcel finit par choisir le football et obtient d'être intégré au centre de formation de La Jonellière, le joyau du FC Nantes. Son frère, Seth, qui joue déjà dans ce club, a fortement influencé cette décision. C'est aussi Seth qui présentera Marcel à Coco Suaudeau et Robert Budzinsky : « Voici mon frère, un futur champion ! »

Un Marcel Desailly bondissant, dans un match qui fera couler beaucoup d'encre : Valenciennes-OM.

Desailly, révélation de l'équipe de France pour l'année 93.

● A Nantes, Marcel se retrouve dans un club qui est une véritable famille et progresse très rapidement. A 16 ans, il signe son premier contrat d'aspirant (4 000 francs environ) et commence à espérer que se réalise la promesse de son frère : « Tu verras, un jour nous jouerons ensemble », lui avait dit Seth pour l'encourager.

● Malheureusement, le destin va leur jouer un sale tour : le 19 novembre 1984, Seth trouve la mort dans un accident de la route, en compagnie du Martiniquais Jean-Michel Labejof, coéquipier au FC Nantes. Marcel est, lui, à Monaco où il dispute un tournoi de jeunes avec les Canaris. C'est Didier Deschamps, son meilleur ami, qui lui apprend la terrible nouvelle.

● Desailly n'a pas encore 18 ans lorsqu'il signe son premier contrat professionnel avec le FC Nantes. Le 26 août 1986, il fait ses débuts en D1 au stade de la Beaujoire, contre les Girondins de Bordeaux (3-0). Tout s'enchaîne : le 19 septembre, Suaudeau le titularise en Coupe de l'UEFA, face aux Italiens du Torino. Desailly joue stoppeur et Deschamps, libero : assurément la plus jeune charnière centrale d'Europe ! Nantes s'incline (4-0), mais Marcel en garde un souvenir très intense : « Jouer contre des champions tels que Junior, cela ne s'oublie pas ! »

● Au cours de cette saison, Marcel quitte le centre de formation et loue un appartement en ville. Il gagne plus de 60 000 francs par mois et commence à mener une vie d'adulte : Marcel fréquente bars et restaurants et se laisse un peu griser par cette existence en apparence facile. Pas pour longtemps : il rencontre Virginie, qui, à l'époque, travaille comme caissière dans un supermarché. En quelques semaines, ils deviennent inséparables et décident de vivre ensemble, puis de se marier. Depuis, Marcel est devenu le père d'une petite Victoria et d'un Virgile.

● Entre 1985 et 1992, Desailly dispute 6 saisons avec le FC Nantes, disputant 162 rencontres et marquant 5 buts en championnat. A la fin de l'année 1990, alors que Marcel a déjà joué dans la plupart des sélections de jeunes de la FFF, Abedi Pelé lui fait savoir que les dirigeants ghanéens sont disposés à l'accueillir dans l'équipe nationale des Black Stars. Le Nantais refuse de façon courtoise.

● Au terme de la saison 90-91, l'OM propose de racheter le contrat de Desailly : les dirigeants du club nantais repoussent les avances des collaborateurs de Tapie. La saison suivante, les observateurs marseillais multiplient leurs voyages à Nantes pour y suivre le stoppeur des Canaris : Tapie tient absolument à intégrer Marcel dans son effectif. Le joueur décide alors de renouveler son contrat avec Nantes pour 3 saisons supplémentaires, afin de faire bénéficier le FCN de son départ vers la Canebière, à l'intersaison 92-93 : le club breton reçoit 10 millions de francs d'indemnités de transfert.

● Lors de ses premières semaines à Marseille, Desailly connaît quelques problèmes aux chevilles qui réduisent son rendement sur le terrain. De plus, la richesse de l'effectif accentue la concurrence et l'oblige à des efforts surhumains pour gagner une place de titulaire. Pendant trois ou quatre mois, l'ex-Nantais doit vivre une période d'acclimatation.

● Facteur décisif pour la pleine réussite de Desailly à Marseille : l'arrivée sur le banc de touche de Raymond Goethals en lieu et place de Jean Fernandez. L'entraîneur belge devient rapidement le principal supporter de Marcel, qu'il associe en défense à Basile Boli et Jocelyn Angloma pour former ce qu'il a défini lui-même comme sa « garde black ». Mis à part la première rencontre contre Glentoran, Desailly dispute toute la campagne européenne de l'OM et neutralise Van Basten lors de la finale de Munich. En championnat, il participe activement à la conquête du cinquième titre consécutif de l'Olympique de Marseille en jouant 31 matches (1 but marqué).

Marcel Desailly, l'« essuie-glaces » du grand Milan AC, ici dans le derby contre l'Inter.

- Le 22 août 1993, Desailly débute en équipe de France à Stockholm, au cours du match contre la Suède. Match comptant pour les qualifications à la World Cup 94 et qui voit les Bleus obtenir le nul (1-1).
- Avec l'OM, les choses ne vont pas au mieux : les suites de l'affaire de Valenciennes ont débouché sur une exclusion de la Coupe d'Europe, et le club phocéen est aux prises avec de graves problèmes financiers. Tapie se trouve dans l'obligation de vendre ses meilleurs éléments : on parle de Boli à Naples, Deschamps au Torino et Boksic à la Lazio. De Marcel, personne ne parle. Pourtant, le Milan AC s'intéresse à lui. Desailly en est informé lors du stage de préparation à France-Israël.
- En moins d'un mois, son manager, Pape Diouf, et Bernard Tapie vont se mettre d'accord avec le club milanais. Mardi 9 novembre 1993, Desailly s'apprête à rencontrer Lyon en match de championnat : Tapie informe Marcel que le transfert est sur le point de se conclure. Le lendemain, un avion du président de l'OM emmène le joueur à Milan, en compagnie de Pape Diouf.
- A Milan, Marcel est reçu par Ariedo Braida et Galliani, et signe un contrat valable jusqu'en 1997. Ensuite, il rencontre Silvio Berlusconi et Fabio Capello. Le 21 novembre, Desailly débute contre Naples, qu'il bat (2-1), à San Siro. Trois semaines plus tard, il joue la finale de la Coupe intercontinentale et, le 3 janvier 1994, marque son premier but italien aux dépens de la Reggiana. En quelques mois, il devient une pièce maîtresse – et bientôt indispensable – du dispositif milanais.

11

★ DAVID GINOLA ★

FRANCE

La bonne étoile de David

● Né le 25 janvier 1967 à Gossin, dans le département du Var. 1,80 m pour 75 kg. Marié à Coraline.

● Ses différents clubs : OGC Nice (1981-1983), SC Toulon (1983-1988), Matra-Racing (1988-1989), Racing Paris (1989-1990), Stade Brestois (1990-1991), Paris-SG (1992-1994).

● Palmarès : Coupe de France en 1993. Championnat de France en 1994.

● C'est à Sainte-Maxime, où il réside chez ses parents, que David est découvert par des recruteurs de l'OGC Nice, lors d'une opération de détection de jeunes talents de la Côte d'Azur. Un tournoi à Aix persuade les Niçois de le recruter, « brûlant » les Cannois sur le fil. David part pour Nice et l'internat du lycée du Parc-Impérial. Le soir, il participe aux entraînements de l'OGC.

● Avec les cadets niçois, Ginola obtient de bons résultats. Mais, selon les dirigeants du club, David n'a pas la carrure pour entreprendre une carrière professionnelle. Chez les Ginola, la déception est énorme.

● René Ginola, père de David, appelle alors le directeur technique régional de Toulon, Michel Ebé, sur les conseils de son ami Marc Bourrier. En moins d'une semaine, il obtient que David passe un test au

David Ginola et un autre futur artiste : Zinedine Zidane.

Sporting : en deux jours, les dirigeants varois acceptent de le prendre. Au mois de juillet 1983, l'ex-Niçois signe un contrat d'aspirant deuxième année au SC Toulon et s'entraîne avec les pros. Le 23 novembre 1985, il joue son premier match de D1 contre Monaco.

● Au cours de sa première saison au plus haut niveau, David dispute 14 rencontres de championnat. En 86-87, il devient titulaire et joue 34 fois de son poste de milieu de terrain. David brille également en sélection, avec les Juniors puis les Espoirs : il participe deux fois au Festival de Toulon, obtenant le titre de meilleur joueur pour sa première apparition. La presse spécialisée l'élève même au rang de « nouveau Platini » !

● En 87-88, Toulon réalise sa meilleure saison en D1 et termine 5e au classement, à 3 petits points d'une qualification en Coupe UEFA. Outre David, et sous la direction de Courbis, l'équipe rassemble des joueurs tels que Pardo, Zahoui, Makanaky et Roger Mendy. Contacté par le staff de Jean-Luc Lagardère, David vient à Paris et signe un contrat de cinq ans au Matra-Racing.

● L'équipe est ambitieuse. A Paris, Ginola trouve un entraîneur prestigieux, Artur Jorge (vainqueur de la Coupe des champions, en 1987, avec le FC Porto), et des coéquipiers dont la réputation n'est plus à faire : les ex-internationaux français Maxime Bossis, Luis Fernandez, Philippe Anziani et Gérard Buscher ; la star uruguayenne Enzo Francescoli ; l'Algérien Ben Mabrouk et les Marocains Bouderbala et Krimau ; l'ex-joueur de l'Ajax d'Amsterdam Sonny Silooy ; Pascal Olmeta et son compagnon de Toulon, Bernard Casoni, etc. L'ensemble ne formera pourtant jamais une véritable équipe et le Matra ne va obtenir en cette saison 88-89 qu'une médiocre 17e place. Quant à David, il se sauve tant bien que mal du naufrage, marquant 7 fois en 29 rencontres.

● Résultats insatisfaisants ajoutés à un manque d'intérêt de la part du public parisien : Lagardère et Matra abandonnent le Racing. En juin 1989, le club change de nom et de politique (plus de dépenses folles, priorité aux jeunes) : le Racing Paris 1 est né. Avec une équipe de fortune, Ginola réalise une saison discrète (32 matches, 1 but), qui s'achève par une relégation en D2. En Coupe, le Racing fait des miracles, élimine l'OM en demi-finale et bouscule Montpellier jusqu'à la dernière seconde des prolongations, en finale au Parc des Princes.

● Après le Sud, puis la capitale, Ginola part pour l'ouest de la France et signe chez les Bretons du Brest-Armorique. Il y fait bonne figure et, dès le mois d'octobre 1990, est convoqué par Michel Platini en équipe de France A' pour un match amical contre la Tunisie : victoire (4-0) avec un but de David, meilleur homme sur le terrain. Le 14 novembre, Ginola participe au succès (1-0) de l'équipe de France à Tirana, en éliminatoires de l'Euro 92, contre l'Albanie. Il remplace Thibœuf dans les vingt dernières minutes et se signale par une superbe passe à Pérez.

● A Brest, Ginola se lie d'amitié avec Bernard Lama, le gardien d'une équipe qui fait bonne figure dans le championnat de D1. Au milieu, David (33 matches et 1 but) partage les commandes du jeu avec un futur pensionnaire du Club France, Corentin Martins. Malheureusement pour Brest, la gestion de son président, François Yvinec, prend l'eau de toutes parts. Alors, malgré une bonne 11e place au classement, le club breton est relégué en D2 par la DNCG. Ginola ne reste pas longtemps en D2 : il quitte Brest, en décembre 1991, après la mise en liquidation judiciaire du club

David Ginola au match aller contre la Bulgarie.

et signe au Paris-SG (15 matches et 2 buts juqu'à la fin de la saison).

- David a changé sa façon de jouer : il évolue beaucoup plus en pointe. Avec le PSG, il marque 6 buts (en 34 matches) lors de la saison 92-93. Et il donne sa pleine mesure en Coupe de l'UEFA, où les Parisiens éliminent Naples, Anderlecht et le Real Madrid, avant de s'incliner face à la Juventus de Roberto Baggio, en demi-finale. Ginola remporte son premier trophée au mois de juin : une Coupe de France gagnée (3-0) au cours d'un match houleux (3 expulsions) contre le FC Nantes.
- En équipe de France, David n'est pas titulaire aux yeux de Gérard Houllier, qui l'aligne rarement aux côtés de Papin et de Cantona. Ginola n'apprécie pas vraiment et le fait savoir, lors d'un stage à Clairefontaine, à la veille de France-Bulgarie. Suivent l'élimination de la France et les polémiques avec « Canto » et JPP. Sur certains stades de l'Hexagone, David est même sifflé : on lui reproche d'avoir « ouvert sa gueule » au plus mauvais moment et de n'avoir pas su gérer un ballon capital, à la dernière minute du match contre la Bulgarie. Juste avant le but de Kostadinov...
- David est élu Joueur français de l'année 1993 par la rédaction de *France-Football* et fait la connaissance de Roberto Baggio à l'occasion de la remise du Ballon d'Or, à Paris, début janvier 1994.
- Ginola à Jean Issartel, de *France-Football* : « Si j'avais été petit et moche, personne ne douterait de mes qualités de footballeur. » (Décembre 1993.)

★ RUUD GULLIT ★

PAYS-BAS

Le cavalier de l'Orange

- Rudi Dil (Ruud) Gullit est né à Amsterdam, le 30 septembre 1962. Ses parents sont originaires du Surinam. 1,86 m pour 83 kg.
- Marié avec Yvonne (un enfant, Felicity), Ruud a divorcé au début de son séjour italien. En 1990, il rencontre Cristina, dont il aura deux enfants (Quincy et Cheyenne).
- Ses clubs successifs : DWS Amsterdam (1975-1979), Haarlem FC (1979-1982), Feyenoord Rotterdam (1982-1985), PSV Eindhoven (1985-1987), Milan AC (1987-1993), Sampdoria Gênes (1993-1994).
- Palmarès : championnat des Pays-Bas en 1984, 1986, 1987 ; Coupe des Pays-Bas en 1984 ; Ballon d'Or de *France-Football* en 1987 ; championnat d'Europe des nations en 1988 ; Coupe d'Europe des clubs champions en 1989, 1990 ; Coupe intercontinentale en 1990 ; Supercoupe d'Europe en 1990 ; championnat d'Italie en 1988, 1992, 1993 ; Supercoupe d'Italie en 1992.
- Ruud signe sa première licence au DWS Amsterdam. En 78-79, il dispute un si bon championnat avec ce club amateur que les dirigeants du Haarlem FC le recrutent pour le faire débuter en D1 dès la saison suivante. De 1979 à 1982, Gullit marque 32 buts (en 91 rencontres) avec l'équipe d'Haarlem, mais connaît pourtant les affres de la relégation.
- L'étape suivante de la carrière de Gullit passe par Rotterdam et le Feyenoord.
- Avec Cruijff aux commandes, le Feyenoord réalise une superbe saison 83-84, avec un doublé Coupe-championnat. Ruud, qui a adopté la coiffure « rasta », explose enfin dans une équipe qui crache le feu (96 buts marqués, dont 15 par Gullit).
- Avec le départ de Cruijff pour l'Ajax, le Feyenoord rentre un peu dans le rang. Pour Gullit, la saison 84-85 est caractérisée par des blessures et un faible rendement (7 buts en 19 matches de championnat). Cela n'empêche pas le PSV, lancé dans une coûteuse campagne de recrutement, de le faire venir à Eindhoven en compagnie de Gerets et Arnesen. Ruud arrive à maturité et remporte le championnat pour sa première saison au PSV. Sa saison la plus prolifique : 24 buts en 34 rencontres.

MEDIOLANUM

Gullit brandit la coupe après la victoire de la Hollande à l'Euro 88.

● Avec l'apport supplémentaire de Ronald Koeman et Soren Lerby, le PSV enlève un second titre en 86-87. Gullit reste sur des standards élevés avec 22 buts. En sélection, Gullit multiplie les prestations de haut niveau et attire ainsi les recruteurs des plus grands clubs européens. En particulier, ceux du Milan AC de Silvio Berlusconi, qui obtient le transfert du joueur batave pour 13 milliards de lires (plus de 55 millions de francs en 1987). Les Rossoneri engagent également Marco Van Basten, attaquant de l'Ajax.

● Gullit connaît une belle réussite dans l'équipe du Milan AC, propulsée dans une folle course poursuite avec le Napoli de Maradona, auteur d'un début de championnat époustouflant. En décembre, Gullit est sacré meilleur joueur d'Europe par l'hebdomadaire *France-Football*, qui lui attribue le 32e Ballon d'Or du nom. Ruud le dédie à Nelson Mandela, leader de l'ANC, enfermé dans une prison d'Afrique du Sud pour sa lutte contre l'apartheid.

● Gullit fête le Ballon d'Or par une grande prestation et un but superbe contre Naples, écrasé (4-1) par le Milan AC, à San Siro. C'est le début d'une superbe remontée au classement qui conduira les hommes d'Arrigo Sacchi à dépasser les Napolitains à deux journées de la fin, à l'occasion du match retour, au San Paolo, gagné (3-2) par le Milan AC.

● Arrive le championnat d'Europe des nations en Allemagne. La compétition s'engage mal pour les Pays-Bas, battus par l'Union soviétique, lors du premier match, après avoir connu une préparation perturbée par les polémiques entre Gullit et son sélectionneur, Rinus Michels. Mais la sélection orange se reprend et parvient en finale, où elle bat (2-0) cette même Union soviétique grâce à une tête de Gullit et une formidable reprise de volée de Van Basten.

● Gullit construit surtout sa légende en Coupe des champions, à l'occasion de la fabuleuse campagne

88-89 du Milan AC. Les Milanais éprouvent quelques difficultés face à l'Étoile Rouge de Belgrade et au Werder de Brême, avant de ridiculiser le Real Madrid en demi-finale. Contre le Steaua Bucarest, l'apothéose : au cours de la finale à Barcelone, 90 000 Milanais applaudissent le Milan AC, qui s'impose (4-0) grâce à des doublés de Gullit et Van Basten.

● Suivent deux saisons de grand panache, assorties de matches homériques contre l'OM. Sacchi est ensuite remplacé par Fabio Capello à la barre du club. Privé d'Europe, le Milan se déchaîne en championnat, remportant le titre haut la main (aucune défaite). Gullit a, lui, alterné le bon et le moins bon : encore gêné par des ennuis au genou, il n'a disputé que 27 rencontres et a marqué 7 buts. Et beaucoup polémiqué.

● En 1993, le Milan AC manque contre Marseille son principal objectif – la Coupe des champions. Berlusconi décide donc d'opérer un coup de balai. Ruud fait ses valises pour la Sampdoria où, au plus grand désespoir de « Sua Emittenza », il réalise une extraordinaire saison, formant avec Roberto Mancini un duo de tout premier plan. Ruud est tellement heureux de jouer qu'il accepte même de revenir en sélection (il l'avait quittée pour divergences avec le sélectionneur Advocaat) et de participer au Mondial américain.

TAMOI

★ JÜRGEN KLINSMANN ★

ALLEMAGNE

Le baroudeur intello-écolo

● Né le 30 juillet 1964 à Goppingen, dans le Bade-Wurtenberg (Allemagne). 1,82 m pour 75 kg. Sa compagne se nomme Andrea. Jürgen est le fils d'un boulanger et avait même entrepris une formation pour s'occuper de la boulangerie familiale à Stuttgart. Avant de jouer au football, Jürgen a pratiqué la gymnastique et le hand-ball.

● Ses différents clubs : Gingen (1972-1975), Geislingen (1975-1979), Kickers Stuttgart (1979-1984), VfB Stuttgart (1984-1989), Inter Milan (1989-1992), AS Monaco (1992-1994).

● Palmarès : Coupe du Monde en 1990 ; Coupe de l'UEFA en 1991, finaliste en 1989 ; finaliste du championnat d'Europe des nations en 1992 ; médaille de bronze aux JO de 1988.

● Klinsmann a le but dans le sang, depuis toujours. A 9 ans, au cours d'un match de son équipe, Gringen, il marque 16 buts et l'Aichelberg est écrasé (20-0). La saison suivante, il en réalise 106 en 18 rencontres officielles. Passé à Geislingen, Klinsmann en inscrit 250 en 4 saisons. Un attaquant si prolifique ne pouvait échapper bien longtemps au flair d'un recruteur

Klinsmann conduisant l'attaque de l'Inter de Milan.

de club professionnel : en 1979, Jürgen est recruté par les Kickers Stuttgart.

● Un nouveau monde pour Jürgen : au cours de son premier entraînement, il se rend malade au point d'en vomir, car il a peur de ne pas réussir à convaincre le coach. En fait, Klinsmann s'adapte rapidement, parce qu'il n'a pas changé ses habitudes et continue de vivre à Geislingen. A 16 ans, Klinsmann débute en équipe première et devient aussi le plus jeune pro d'Allemagne.

● Jürgen reste aux Kickers jusqu'en 1984. L'équipe est perturbée par de continuels changements d'entraîneurs, accumule les mauvais résultats en D2 : pour Klinsmann, il n'est pas toujours facile de se mettre en évidence. Alors, il travaille, encore et encore. Sur le plan athlétique, Jürgen progresse grâce aux conseils de son frère Horst, sauteur à la perche. Et également de l'entraîneur de celui-ci, M. Allman.

● Klinsmann réalise une très bonne saison 83-84 : il totalise 19 buts en 35 matches et attire la convoitise des voisins du VfB. A l'intersaison, Jürgen change de casaque. Pendant l'été, il renonce volontairement aux vacances pour se préparer au mieux à sa nouvelle expérience et s'entraîne avec Allman.

● Au VfB, Jürgen goûte à la Coupe d'Europe et est retenu en sélection espoirs. En championnat, il se montre des plus performants en inscrivant 15 buts en 33 matches. Dans un club qui, d'une saison à l'autre, connaît des hauts et des bas, Klinsmann fait preuve d'une admirable régularité : 16 buts en 85-86, encore 16 la saison suivante.

● En 87-88, Klinsmann arrive à pleine maturité. D'abord, il débute avec la sélection A, le 12 décembre 1987 à Brasilia, face à la Selec„o (1-1). Ensuite, il conduit le VfB à son meilleur classement (4e) depuis qu'il est arrivé au club et remporte la palme de meilleur buteur de Bundesliga avec 19 buts (pour 34 matches). Enfin, Jürgen participe aux JO de Séoul et enlève la médaille de bronze, en battant l'Italie (3-0) dans la finale de classement. Son premier but en sélection, Klinsmann le marque le 27 avril 1988, à Kaiserslautern, contre la Suisse (1-0).

● Klinsmann est élu « joueur allemand de l'année ». A l'intersaison, l'Atletico Madrid et l'Olympiakos lui proposent de jouer chez eux. Jürgen refuse. Il a déjà dans la tête de partir pour l'Italie. La chose se précise en décembre, où Klinsmann est approché une première fois par les dirigeants de l'Inter. Le 14 février 1989, tout risque d'être remis en cause : au cours d'une rencontre amicale avec le Steaua Bucarest, le défenseur roumain Bumbescu lui endommage les ligaments : opéré d'urgence, Jürgen est indisponible pendant six semaines. Cela ne l'empêche pas de clore le championnat avec 13 buts (en 25 matches) et de disputer la finale de Coupe UEFA, contre le Napoli de Maradona. Le club italien l'emporte, Jürgen se console en marquant un but au match retour.

● Klinsmann a déjà signé pour l'Inter un contrat de trois ans, à raison de 700 millions de lires par an. A Milan, il rejoint ses compatriotes Matthaus et Brehme. La saison précédente, ils ont remporté le Scudetto avec l'Inter en balayant tous les records. Dans la ligne d'attaque nerazzurra, Jürgen prend la place de l'Argentin Ramon Diaz et a la lourde tâche de le faire oublier. Klinsmann marque 13 buts et s'impose comme le meilleur buteur du club. Pourtant, à la fin de la saison 89-90, il n'est pas pleinement satisfait : il n'a rien remporté et se sent un peu brimé par le jeu de Trapattoni.

● Jürgen va se consoler de la plus belle façon qui soit : en gagnant la Coupe du Monde ! L'attaquant de l'Inter s'entend à merveille avec Völler et inscrit 3 buts (Yougoslavie, Émirats, Pays-Bas). Du coup, il dispute une bonne saison 90-91 et remporte la Coupe de l'UEFA. En championnat, il améliore son total personnel en atteignant 14 buts.

● Trapattoni, avec qui Klinsmann a fini par bien s'entendre, retourne à la Juve. Du côté de l'Inter, on

Les premiers duels Klinsmann-Prunier.

tente la carte Orrico. Un entraîneur au jeu audacieux qui a fait ses armes en Série B, à la Lucchese. L'expérience à Milan tourne au désastre : Orrico est remplacé par Luis Suarez, qui ne peut empêcher le naufrage du club. L'Inter se classe 8e et est ainsi privé de Coupe d'Europe. Klinsmann, auteur de 7 buts, décide de changer d'air : cela tombe bien, le président Pellegrini ne souhaitait pas le retenir ! Amer, Jürgen dira plus tard : « A un certain moment, il n'existait plus d'équipe : chacun jouait pour soi. »

● Après un Euro 92 en demi-teinte (l'Allemagne dispute la finale, mais Klinsmann ne marque que 1 seul but en 5 rencontres), Jürgen quitte l'Italie pour la France et s'installe à Monte-Carlo, pour vivre avec l'AS Monaco une véritable renaissance : quelques semaines d'adaptation suffisent pour trouver Klinsmann tournant à plein régime. Pour sa première saison en France, il achève le championnat à la 3e place du classement des buteurs (19 buts en 35 matches). La cerise sur le gâteau : 4 buts à Auxerre, lors d'un match comptant pour la 20e journée et gagné (4-0) par Monaco.

● A Monaco, Klinsmann se trouve beaucoup plus libre de ses mouvements qu'à l'Inter : « Ici, on ne te dit pas quand tu dois manger et dormir. En Italie, les joueurs sont trop assistés. » Jürgen est sous contrat avec Monaco jusqu'à la fin de la saison.

● Klinsmann ne vit pas que pour et par le foot. En Allemagne, par exemple, il s'est longuement intéressé à la réinsertion des ex-détenus dans la société.

Motta

★ PAOLO MALDINI ★

ITALIE

Le vrai fils de son père

● Né le 26 juin 1968 à Milan. 1,85 m pour 77 kg. Fils de Maria Luisa et de Cesare, capitaine du Milan AC champion d'Europe 1963, 374 matches de Série A et 4 Scudetti avec le club rossonero. Paolo, fiancé à Adriana, top-model italo-vénézuélien, a trois sœurs aînées et deux frères cadets : Monica (née en 1963), Donatella (1964), Valentina (1966), Alessandro (1969) et Pier Cesare (1972). Paolo a toujours joué au Milan AC, évoluant dans les différentes équipes de jeunes.

● Palmarès : championnat d'Italie en 1988, 1992, 1993, 1994 ; Coupe intercontinentale en 1989, 1990 ; Coupe d'Europe des clubs champions en 1989, 1990 ; Supercoupe d'Europe en 1989, 1990 ; Supercoupe d'Italie en 1992, 1993 ; finaliste de la Ligue des champions et de la Coupe intercontinentale en 1993 ; 2e du championnat en 1990, 1991 ; finaliste de la Coupe d'Italie en 1990 ; 3e de la Coupe du Monde en 1990.

● En janvier 1985, Nils Liedholm, entraîneur du Milan AC, décide de récompenser le jeune Paolo du très bon travail qu'il fournit dans l'équipe Primavera en l'intégrant aux « A » pour le déplacement d'Udine. A la fin de la première mi-temps du match contre l'Udinese de Zico (ce jour-là, dans les tribunes du stade Friuli), Sergio Battistini se blesse à l'épaule : Liedholm ordonne à Paolo de s'échauffer et lui fait disputer les quarante-cinq premières minutes de sa carrière à haut niveau. Quel symbole ! le père de Paolo, Cesare, avait joué son premier match sous les couleurs du Milan AC, le 19 septembre 1954, précisément aux côtés du Suédois ! Encore tout remué par l'événement, Paolo ne se rendra pas au lycée Volta le lendemain. Trop forte l'émotion de débuter dans le Calcio : « Liedholm m'a même demandé de quel côté de la défense je désirais jouer ! »

● La saison suivante, Paolo se retrouve à titre fixe dans l'équipe première du Milan AC, disputant 27 rencontres de Série A, 6 de Coupe Italie et même 6 de Coupe UEFA (il débute contre l'AJ Auxerre, au stade Abbé-Deschamps). Arrive Silvio Berlusconi, qui remplace Liedholm par Sacchi. Paolo Maldini reste l'une des pièces maîtresses du dispositif milanais.

● En 86-87 et surtout 87-88, Paolo confirme son énorme talent sur le côté gauche de la défense du

Milan AC. Son père, sélectionneur de l'équipe nationale Espoirs, le convoque régulièrement. C'est tout naturellement que Paolo endosse le maillot de la Squadra Azzurra, le 31 mars 1988 à Split, contre la Yougoslavie : il remplace Francini à la 53e minute et l'Italie obtient le match nul (1-1).

● Paolo connaît une fin de saison 87-88 de haute lignée : il remporte son premier Scudetto avec le Milan AC et participe à l'Euro 88, en Allemagne, avec la Squadra d'Azeglio Vicini. Il en sera l'une des grandes révélations.

● En début de saison 88-89, une blessure au talon le perturbe et son rendement a tendance à baisser. Une partie de la presse s'acharne alors contre lui. Mais Maldini finit la saison sur les chapeaux de roue et fait taire ses derniers détracteurs. Avec le Milan AC, il enlève la Coupe des champions après avoir livré des matches mémorables contre le Real Madrid et le Steaua Bucarest. Ce qui lui vaut de remporter le Bravo du *Guerin Sportivo* (hebdomadaire sportif italien), récompense très prisée en Europe qui est réservée au meilleur joueur de moins de 21 ans du continent.

● 89-90 est du même niveau pour Paolo : nouvelle C1 en poche et Mondiale de tout premier plan. Maldini est déjà considéré comme l'un des meilleurs arrières gauche du monde. En dehors du terrain, sa popularité est énorme : beau garçon, Paolo rend folles la majorité des adolescentes (et pas seulement elles !) de la péninsule italienne. Pour son talent et son physique, il est de plus en plus comparé à Antonio Cabrini.

Paolo Maldini avec la Squadra contre l'Uruguay de Francescoli.

Madlini, leader de l'équipe italienne contre l'Eire.

● La saison suivante est un peu moins brillante. En fait, Paolo se blesse lors de la finale de la Coupe intercontinentale à Tokyo et éprouve quelques difficultés à retrouver sa condition physique. Et au Milan AC, on est en train de boucler un cycle : éliminés de la Coupe d'Europe par l'OM et suspendus pour l'affaire des « projecteurs de Marseille », les Rossoneri font le ménage. Sacchi est remplacé par Capello.

● Depuis, Paolo est revenu au premier plan, accumulant les performances avec le Milan AC et la Squadra Azzurra, dont il est, avec Baresi et Baggio, considéré comme le fer de lance. Tous les référendums de la presse internationale sont formels : à son poste, Paolo n'a pas de concurrents. Après la retraite de Franco Baresi, relèvera-t-il le défi de s'imposer comme libero ?

● Paolo Madlini en championnat d'Italie (matches-buts) : 1984-85 (1-0) ; 1985-86 (27-0) ; 1986-87 (29-1) ; 1987-88 (26-2) ; 1988-89 (30-1) ; 1989-90 (30-1) ; 1990-91 (26-4) ; 1991-92 (31-3) ; 1992-93 (31-2). 45 rencontres et 1 but en Coupe d'Italie (fin 92-93). 37 matches et 1 but en Coupe d'Europe (fin 92-93).

● Particularités : adore passer ses vacances en Sardaigne ; pratique le tennis ; admire Jack Nicholson et Meryl Streep ; écoute Stevie Wonder et aurait aimé être chanteur ; apprécie beaucoup les matches de basket de la NBA à la télévision.

● Paolo Maldini parlant de Nils Liedholm : « Il occupe une place de choix dans mon cœur. C'est lui qui m'a appris à jouer et m'a entouré de toute la tranquillité nécessaire pour commencer une carrière professionnelle. »

★ LOTHAR MATTHÄUS ★

ALLEMAGNE

Le retour de l'enfant prodigue

- Né le 21 mars 1961 à Erlangen. 1,75 m pour 73 kg. Marié avec une Italienne, Lolita, depuis début 1994 (un enfant, Loris). A été marié avec Sylvia (deux enfants, Alissa et Viola). Divorcé en 1991.
- Clubs successifs : Herzogenaurach, Borussia Mönchengladbach (1979-1984), Bayern Munich (1984-1988), Inter Milan (1988-1992), Bayern Munich (1992-1994).
- Palmarès : championnat d'Europe des nations en 1980 ; finaliste de la Coupe UEFA en 1980 ; finaliste de la Coupe de RFA en 1984, 1985 ; 2e de la Coupe du Monde en 1982 (ne dispute pas la finale), 1986 ; championnat de RFA en 1985, 1986, 1987 ; Coupe de RFA en 1986 ; finaliste de la Coupe d'Europe des clubs champions en 1987 ; championnat d'Italie en 1989 ; Coupe du monde en 1990 ; Coupe de l'UEFA en 1990.
- Matthäus fais ses armes dans l'équipe amateur d'Herzogenaurach. A 18 ans, il est engagé par le célèbre Borussia Mönchengladbach, où il devient presque immédiatement titulaire, jouant 28 matches (4 buts) pour sa première saison en Bundesliga. De plus, Lothar dispute presque toute la campagne européenne du Borussia, y compris la double finale de Coupe UEFA, perdue contre l'Eintracht Francfort. Matthäus reste quatre ans à Mönchengladbach : 129 rencontres de championnat (26 buts) et 17 (3 buts) de Coupe d'Europe.
- Été 1984 : Karl-Heinz Rummenigge passe à l'Inter pour une montagne de lires. Avec l'argent de sa cession, les dirigeants du Bayern renforcent quantitativement et qualitativement l'effectif du club, faisant en particulier venir de Mönchengladbach Lothar Matthäus, milieu de terrain du Borussia et de la sélection. Coup du transfert ? 2,3 millions de marks (environ 8 millions de francs) : il s'agit, à l'époque, d'un chiffre record. Un investissement que Uli Hoeness, le manager du Bayern, ne va pas regretter. Au Borussia, Lothar était le cerveau de tout le dispositif tactique de l'équipe et l'idole des spectateurs du Bokelbergstadion. A Munich, il devient rapidement le « capitaine de route » du club bavarois et un motif de fierté pour les habitués du stade olympique.
- Lothar est le véritable moteur du Bayern, qui de 1985 à 1987 remporte 3 championnats consécutifs, rejoignant par cet exploit la formation bavaroise conduite par Beckenbauer, qui avait enlevé 3 titres entre 1972 et 1974. A Munich, Matthäus se révèle même comme un buteur de grande valeur, marquant 57 buts en 117 matches de Bundesliga, entre 1984 et 1988. Il prend la dimension internationale qu'on lui avait jusque-là contestée.
- En 1988, Lothar décide de tenter l'aventure italienne et signe, comme Rummenigge, pour l'Inter. Matthäus n'est d'ailleurs pas tout seul, puisque Andreas Brehme, son coéquipier au Bayern, est lui

aussi enrôlé par les Nerazzurri. Le troisième étranger du club milanais est Ramon Diaz. L'alchimie prend tout de suite : l'Inter remporte le Scudetto en pulvérisant tous les records sur son passage, achevant le championnat avec 11 points d'avance sur le 2e, Naples : il possède aussi la meilleure attaque (67 buts), la meilleure défense (19 buts) et le meilleur buteur (Serena, 22 buts). Quant à Matthäus, il compte 9 buts en 32 matches.

● En Coupe UEFA, l'Inter rencontre le Bayern en huitième de finale et doit subir la loi des Allemands, à la suite d'un incroyable retournement de situation. En effet, les Munichois arrachent (3-1) leur qualification à Milan, après s'être inclinés (2-0) en Bavière.

En mai 1989, un troisième Allemand est recruté par l'Inter : Jurgen Klinsmann. Les hommes de Trapattoni rentrent toutefois dans le rang et disputent une modeste saison 89-90. Matthäus (25 matches de série A, 11 buts) et ses compatriotes vont ensuite largement se rattraper à l'occasion d'Italia 90 : la RFA enlève son troisième titre mondial.

● Ce titre pèse lourd dans la balance lors de l'attribution du Ballon d'Or, que Matthäus remporte devant Schillaci et Brehme. Dans la foulée, Lothar conduit l'Inter à la victoire en Coupe de l'UEFA, en juin 1991. La suite sera un peu moins rose...

● Matthäus a passé une bonne partie de la saison à communiquer des informations contradictoires : l'intérêt du Real Madrid, sa propre envie de partir et les craintes de voir arriver, la saison suivante, un

Matthäus au lendemain de la victoire allemande au Mondiale 90, et de retour dans la sélection en 1994.

« concurrent » comme Enzo Scifo. Finalement, Lothar prolonge d'une saison son séjour à Milan, et se fait opérer du ménisque en juin 1991.

● La dernière saison de Matthäus à l'Inter ne sera pas très différente, excepté que l'Inter ne remporte plus le moindre titre. De nouveau opéré, cette fois aux États-Unis, Lothar rate même le train de l'Euro 92. Mais il ne rate pas celui du retour au pays et rejoint le Bayern Munich (coût du transfert : 15 millions de francs), après quatre saisons à l'Inter (40 buts en 115 matches de championnat italien).

● En Allemagne, Lothar continue à faire parler de lui. Quand il ne polémique pas avec son entraîneur, Matthäus fait la Une de tous les journaux pour diverses déclarations. Mais la chose la plus importante est que Ribbeck a convaincu Matthäus de jouer libero.

● Ainsi, Lothar (8 buts en 28 matches de Bundesliga au cours de la saison 92-93) retrouve sa place en équipe d'Allemagne, qui reste grande favorite de la World Cup 94.

hummel
parmalat

★ MICHEL ★

ESPAGNE

Le maestro du Real

● José Miguel Gonzalez Martin del Campo dit « Michel » est né le 23 mars 1963 à Madrid, capitale du royaume d'Espagne. 1,82 m pour 77 kg. Marié depuis 1988 avec la sœur d'un joueur de Poblense, équipe des Baléares.

● Des différents clubs : Real Madrid (1976-1981), Castilla Madrid (1981-1984), Real Madrid (1984-1994).

● Palmarès : Coupe de la Ligue espagnole en 1985 ; Coupe de l'UEFA en 1985, 1986 ; championnat d'Espagne en 1986, 1987, 1988, 1989, 1990 ; Coupe d'Espagne en 1989, 1993 ; Supercoupe d'Espagne en 1988, 1990, 1994.

● De l'actuel effectif du Real Madrid, Michel est le joueur qui porte le célèbre maillot blanc depuis le plus longtemps : il est arrivé au club en 1976, évoluant alors dans les différentes équipes de jeunes. En 1981, Michel dispute la finale de la Coupe d'Espagne Juniors et le Real s'impose (2-1) à l'Athletic Bilbao. C'est lui qui inscrit le but décisif. Un drôle de but qui va faire parler de Michel dans tout le pays : le tir du milieu de terrain du Real est passé par un trou à l'extérieur du filet, mais l'arbitre ne s'en est pas rendu compte et a validé le but !

● Michel rejoint ensuite le Castilla, l'équipe filiale du Real de Madrid, qui évolue en deuxième division. C'est là que va naître un exceptionnel groupe de joueurs et d'amis, la « Quinta del Buitre », cinq compagnons réunis autour d'Emilio Butragueno, surnommé El Buitre (« le vautour ») : Sanchis, Michel, Martin Vazquez, Pardeza et, bien entendu, Butragueno.

● Au cours de la saison 83-84, l'entraîneur du Real, le légendaire Alfredo Di Stefano, décide d'intégrer cette fameuse « Quinta del Buitre » au sein de son équipe. A une exception près, Michel, que Di Stefano trouve encore un peu tendre pour le championnat de première division. Avec Castilla, Michel enlève le titre de D2.

● A l'intersaison 84-85, Amancio remplace Di Stefano : Michel rejoint alors ses quatre copains. Il fait immédiatement son trou et s'impose à tous comme le véritable inspirateur du jeu du Real, pour

Démarrage époustouflant de Michel, l'un des piliers du Real.

lequel Michel va disputer 10 championnats consécutifs (plus de 300 matches).

● Michel ne tarde pas non plus à débuter en équipe nationale : le 20 novembre 1985, il porte pour la première fois le maillot de l'Espagne, contre l'Autriche, à Saragosse. Huit mois plus tard, Michel participe à la Coupe du Monde au Mexique, que l'Espagne achève en quart de finale, éliminée par la Belgique lors de l'épreuve des tirs au but. Pendant ce Mundial, le milieu du Real est encore à l'origine d'un « but fantôme » : contre le Brésil, il catapulte le ballon au-delà de la ligne de but, mais l'arbitre anglais Bambridge ne validera pas le but.

● Avec la sélection, Michel a ensuite réalisé un bon Euro 88, en Allemagne, puis une Coupe du Monde de haute facture, en Italie, deux ans plus tard. A Italia 90, Michel s'est découvert des talents de véritable chasseur de buts, marquant à 4 reprises, dont 3 pour le seul match contre la Corée du Sud, au premier tour.

● Son palmarès, Michel se l'est forgé avec le Real Madrid, en Espagne, où il a remporté 5 titres consécutifs, de 86 à 90. En Europe, aussi : avec lui le Real a glané ses 2 derniers trophées des coupes de l'UEFA (en 1985 contre les Hongrois de Videoton ; en 1986 face au FC Cologne). Michel est d'ailleurs l'un des joueurs du Real a avoir disputé le plus de rencontres de Coupe d'Europe dans l'histoire du club : avec 76 matches, il occupe la 4e place, derrière Santilla (88), Camacho (90) et Gento (97), le recordman.

● L'Europe lui a aussi apporté quelques soucis. Au cours d'une demi-finale de Coupe des champions, à Eindhoven, Michel perd la tête et tente d'agresser l'arbitre suisse Bruno Galler. L'UEFA lui inflige 9 matches de suspension, avant de réduire la peine à 3.

● Des problèmes au Real, également. A la fin du championnat 89-90, Michel est sifflé par le public du stade Bernabeu et menace de partir en Italie, où on lui fait des ponts d'or depuis deux saisons (Milan, Naples, Sampdoria). La saison suivante est pour lui du même calibre : blessure au pied droit, mésentente avec les « sénateurs » de l'équipe (Buyo, Schuster, Sanchez), brouille avec les supporters, divergence tactique avec l'entraîneur gallois du Real, Ian Toschack, qui lui préfère Martin Vazquez pour organiser le jeu. Michel est à deux doigts de partir au Milan AC.

● En fait, Michel est toujours resté fidèle au Real, avec qui il a signé en 1988 un contrat allant jusqu'au mois de juin 1995. Mendoza, le président du club, lui ayant garanti un contrat de 5 millions de francs par an, majorable au fil des saisons.

● Michel a disputé les 4 rencontres qui ont opposé, en 1993 et 1994, le Real Madrid au Paris SG, marquant 1 but lors de la toute première rencontre à Bernabeu. Rencontre gagnée (3-1) par les Espagnols.

● Comme tous les joueurs du Real, Michel a été fortement marqué par les 2 titres consécutifs perdus, à la dernière journée, sur le terrain de Tenerife. Titres qu'ont gagnés, à chaque fois, la Catalogne et les ennemis de toujours, les Blaugrana du FC Barcelone.

● Détail curieux : en ville, Michel porte souvent des lunettes. Non pour soigner son look, mais à cause d'une légère myopie. Ce trouble de la vue ne l'empêche pourtant pas d'adresser des passes au millimètre à ses coéquipiers.

Michel avec l'équipe nationale espagnole contre l'Uruguay.

ESCAFÉ

★ FRANÇOIS OMAM-BIYIK ★

CAMEROUN

Un vrai lion du Cameroun

● Né le 21 mai 1966 à Sakbayeme, près de Douala. Il mesure 1,84 m pour 80 kg.

● Ses différents clubs : FC Pouma (1983-1984), Canon de Yaoundé (1984-1987), Stade Lavallois (1987-1990), Stade Rennais (1990-1991), AS Cannes (1991-1992), Olympique Marseille (1992), RC Lens (1992-1994).

● Palmarès : championnat du Cameroun 1985, 1986 ; Coupe du Cameroun 1986 ; Coupe afro-asiatique des nations 1985 ; Coupe d'Afrique des nations 1988.

● François est marié depuis l'âge de 21 ans à Patricia : il l'a rencontrée à Douala, à l'époque où il jouait avec le FC Pouma. De leur union naissent deux garçons : Jean-Arnaud (1989) et Emmanuel-Steve (1992, décédé en décembre 1993).

Comme la plupart des jeunes Africains, François apprend le footbal dans la rue. Il goûte à la compétition à l'âge de 17 ans, avec le FC Pouma, à quelques dizaines de kilomètres de Douala. C'est avec l'équipe de Pouma que le jeune Omam-Biyik fait ses débuts en deuxième division, dans la poule littorale, en

Omam-Biyik devançant le Marocain Naybet.

Le bref passage à l'OM...

compagnie de son frère aîné André Kana-Biyik, né en 1965, milieu de terrain du Diamant de Yaoudé, du FC Metz (1988-1990) et du Havre AC (1990-1994). François a, par ailleurs, arrêté ses études en seconde technique.

● A la fin de l'année 1984, François quitte la région de Douala pour rejoindre la capitale, Yaoundé, et intégrer le puissant club du Canon – le fameux Kpa Kum qui, déjà à cette époque, est le club le plus titré du Cameroun avec 6 championnats, 8 Coupes nationales et, surtout, 3 Coupes des champions et 1 Coupe des Coupes. A ses débuts au Canon, François ne se consacre pas encore à plein temps au football : la matin, il travaille pour une compagnie de sécurité sociale locale de Yaoundé.

● François réalise une remarquable saison 84-85, ponctuée par un titre de champion. Les clubs européens s'intéressent à lui. Mais l'attaquant du Canon préfère attendre, histoire de renforcer son expérience internationale.

● En mai 1985, lors du Festival Espoirs de Toulon, le Cameroun se classe à la 4e place et le jeune attaquant du Canon Yaoundé retourne en Afrique en véritable révélation du tournoi. Claude Leroy décide de rebâtir la sélection camerounaise : François en fait partie. Le 15 septembre, les premiers résultats : le Cameroun étrille (4-1) l'Arabie Saoudite en match aller de la 2e Coupe afro-asiatique des nations. Et c'est François qui marque le premier but, devant les 60 000 spectateurs du stade Omnisports de Yaoundé. Au retour, à Taif, l'Arabie Saoudite ne s'impose que 2-1 et le Cameroun remporte le trophée.

● L'année 1986 est pour François celle de la consécration : il remporte son 2e titre de champion du Cameroun et se voit sacré Ballon d'Or camerounais par la presse de son pays. Il enlève la Coupe du Cameroun et accède à la demi-finale de Coupe d'Afrique des clubs champions, où le Canon subit la loi des Égyptiens du Zamalek.

● Omam-Biyik prépare son départ vers l'Europe. Convoité par les Portugais de Chaves, François choisit le Stade Lavallois sur les conseils de Claude Leroy qui, dans les années 70, avait joué dans le club mayennais. Son départ se décide à la suite d'une tournée de Laval au Cameroun, à Douala et Yaoundé, au mois de février 1987 : Omam-Biyik y fait merveille, sous l'œil connaisseur et intéressé de Michel Le Millinaire, l'entraîneur lavallois.

● François débarque en Mayenne en juin 1987, en compagnie du libero Emmanuel Kundé, son coéquipier en sélection et au Canon. A Laval, François connaît une première saison mouvementée, gâchée par des blessures à répétition. Il inscrit, tout de même, 11 buts en 24 rencontres.

● Avec Laval, la saison 88-89 sera un véritable calvaire : François ne marque que 4 buts et le club de Le Millinaire descend en deuxième division. Omam-Biyik ne s'est pas dérobé à la D2 : il y joue, et même bien, marque 11 buts qui ne sont malheureusement pas suffisants pour faire remonter Laval parmi l'élite. François décide de changer d'air. La destination ? Il préfère la choisir à son retour d'Italie. Car Omam-Biyik doit d'abord disputer le Mondiale 90...

● Le 8 juin 1990, les Lions indomptables entrent dans l'histoire de la Coupe du Monde en battant (1-0) l'Argentine, championne du monde en titre – le but de la victoire est signé par François, qui, d'une superbe tête, surprend Pumpido. Dans tout le Cameroun, c'est la fête.

● Les hommes de Nepomniachi réalisent par la suite un superbe parcours, ne sortant qu'en quart de finale, après un match épique contre l'Angleterre. Après la victoire sur l'Argentine, le Cameroun domine (2-1) grâce à 2 buts de Roger Milla, rentré dans la dernière demi-heure. Sévèrement battus (4-0) par l'Union soviétique, les Camerounais se qualifient tout de même pour les huitièmes, où ils battent (2-1) la Colombie grâce à 2 autres buts de Milla, entré encore une fois en cours de jeu. Contre l'Angleterre, Milla ne peut réaliser son troisième miracle, mais le Cameroun sort la tête haute du Mondiale en jouant là son meilleur match de la manifestation, menant même (2-1, buts de Kundé et Ekéké) à sept minutes de la fin du temps réglementaire. Et en prolongations, Lineker (auteur de l'égalisation, le premier étant celui de Platt) brise le rêve africain.

● Pour la saison 90-91, Omam-Biyik signe à Rennes un contrat de trois ans. Il fera ses valises en juin 1991 : malgré ses 14 buts (en 38 matches), le club breton n'a pu sauver sa place en D1. Six mois plus tôt, François se classait 3e du Ballon d'Or africain de *France-Football*, remporté par Roger Milla.

● De la Bretagne, François passe à la Côte d'Azur et signe pour trois saisons à l'AS Cannes, alors entraînée par Boro Primorac. Mais l'attaquant camerounais et le club de la Croisette réalisent un championnat des plus irréguliers et achèvent la saison à l'avant-dernière place, synonyme de relégation (encore une pour François !). Omam-Biyik reste le meilleur buteur du club, mais avec un piètre total de 7 buts, à égalité avec Asanovic, le meneur de jeu cannois.

● Au cours de la saison 91-92, Omam-Biyik découvre la Coupe d'Europe : en C3, Cannes élimine les Portugais de Salgueiros, avant de s'incliner face aux Russes du Dynamo Moscou. Il est l'auteur des 2 buts de son équipe sur l'ensemble des 4 matches.

● Le 24 novembre 1991, à l'occasion de la 19e journée du championnat 91-92, l'OM dispose (2-1) de l'AS Cannes au stade Pierre-de-Coubertin. François marque le but cannois et pose quelques problèmes à la défense marseillaise. Ces derniers vont s'en souvenir lorsqu'ils décideront d'étoffer leur effectif en vue de la saison 92-93. En fait, il ne joue que la première rencontre de D1, face à Toulouse, et 1 match de la Coupe des champions, contre le Glentoran Belfast. Car à l'OM il y a pléthore d'étrangers (six au total). Omam-Biyik part à Lens.

Envol au-dessus de Prunier.

● Chez les Sang et Or, le Camerounais redevient le véritable chasseur de buts qu'il était dans les années 80 et, surtout un joueur de tête au-dessus de la moyenne. Avec 11 buts en 26 rencontres (dont 7 de la tête), François devient le meilleur buteur du club artésien pour l'exercice 92-93.

● Au niveau international, François a beaucoup contribué à la qualification des Lions indomptables pour la World Cup 94, marquant 2 buts de la plus grande importance lors du match retour décisif contre le Zimbabwe.

● Parmi ses grands supporters, Omam compte l'ex-tennisman-chanteur Yannick Noah, qui lui a dédié un passage de *Saga Africa*. A propos de musique, François est un grand amateur de makossa (musique typique du Cameroun).

Motta

★ JEAN-PIERRE PAPIN ★

FRANCE

Le but au bout du pied

● Né le 5 novembre 1963 à Boulogne-sur-Mer, dans le département du Pas-de-Calais. 1,74 m pour 71 kg. Marié avec Françoise en 1984, avec qui il a deux enfants, Christopher (né en 1985) et Merryl (1988). Remarié avec Florence en 1990, qui a donné naissance, en 1991, à Émilie et à Aurélie (1994).

● Ses différents clubs : Trith-Saint-Léger (1975-1977), US Valenciennes-Anzin (1977-1981), INF Vichy (1981-1984), US Valenciennes-Anzin (1984-1985), FC Bruges (1985-1986), Olympique Marseille (1986-1992), Milan AC (1992-1994).

● Palmarès : Coupe de Belgique en 1986 ; 3e de la Coupe du Monde en 1986 ; championnat de France en 1989, 1990, 1991, 1992 ; Coupe de France en 1989 ; championnat d'Italie en 1993, 1994 ; Supercoupe d'Italie en 1992 ; finaliste de la Coupe d'Europe des clubs champions en 1991, 1993.

● Jean-Pierre n'a que 6 mois lorsque ses parents, Guy et Maryvonne, divorcent. Il est élevé par sa mère, qui possède une poissonnerie, et il fréquente les bancs de l'école publique à Jeumont.

● Il rejoint ensuite son père à Trith-Saint-Léger. Guy

La fameuse et la plus belle des « papinades » contre la Belgique, au Parc.

Papin, qui a été attaquant professionnel à Boulogne-sur-Mer, donne de précieux conseils à son fils et l'inscrit, à 12 ans, au Club olympique de Trith. Jean-Pierre marque 40 buts la première saison et 66 la seconde. Guy intervient encore pour qu'il intègre l'équipe cadets de Valenciennes. Jean-Pierre va progressivement jouer à tous les échelons des équipes de jeunes et s'entraîner avec la formation de D3.

- A 17 ans, Papin se rend compte que Valenciennes, excellent club formateur, ne peut lui offrir beaucoup plus et participe aux sélections régionales pour entrer à l'INF Vichy. Pendant trois ans et à force de sacrifices, Papin apprend le métier de footballeur.
- Papin retourne à Valenciennes, où il obtient un modeste contrat professionnel (4 500 francs de 1984). La vie de tous les jours est extrêmement difficile pour le couple Papin. Jean-Pierre est ainsi contraint de téléphoner plusieurs fois à sa mère, qui possède à l'époque une épicerie à Dunkerque, pour qu'elle leur envoie des pâtes, de l'huile et des couches pour le petit Christopher. De son côté, le vice-président de l'USVA, M. Carpentier, aide Jean-Pierre à régler une partie du loyer de son HLM.

Départ, balle au pied, de Papin sous le maillot national.

● Les caisses de Valenciennes ne sont guère plus florissantes que les siennes. L'USVA est obligée de le vendre pour sortir du gouffre financier. Mais Jean-Pierre, malgré 15 buts marqués en 33 matches pour sa première saison en D2, n'intéresse pas grand monde en France. En fait, le déclic se produit grâce à un imprésario belge, Fernand Godaerts, qui sollicite les dirigeants du FC Bruges. Époustouflés par Papin, ils le rachètent à Valenciennes pour 130 millions de centimes. Jean-Pierre signe un contrat de trois ans sur la base de 8 000 francs mensuels, plus une voiture et un appartement aux frais du club.

● Avant même de débuter la saison 85-86, Papin est convoqué par Marc Bourrier, en sélection Espoirs et dispute le Festival de Toulon. C'est le prélude à une saison fantastique. Papin dispute 33 matches du championnat de Belgique et marque 21 buts. Le 26 février 1986, Jean-Pierre débute en sélection A contre l'Irlande du Nord : quatre mois plus tard, il se retrouve au Mexique pour disputer la Coupe du Monde (un but contre le Canada et un autre contre la Belgique, en match de classement).

● Les clubs français s'intéressent enfin à lui, que l'on commence à surnommer JPP : Monaco lui fait signer une option. Mais c'est Bernard Tapie qui emporte le morceau en lui proposant un contrat de quatre ans et un salaire mensuel de 120 000 francs.

● La première saison de Papin à l'OM n'est pas exceptionnelle, JPP marque 13 buts en 33 matches de D1.

● Marseille termine le championnat à la 2e place et se retrouve finaliste de la Coupe de France, précédé à chaque fois par Bordeaux.

● En 87-88, Papin obtient une revanche personnelle en enlevant le titre de meilleur buteur du championnat avec 19 buts en 37 matches. Titre qu'il remportera ensuite à quatre reprises : en 88-89 (22 buts en 36 matches), en 89-90 (30 buts – 36 matches), en 90-91 (23 buts – 36 matches) et en 91-92 (27 buts – 37 matches).

● Papin gagne aussi 4 titres et connaît une bonne poignée d'entraîneurs (Banide, Gili, Ivic, Beckenbauer, Jean Fernandez, Goethals). Sa meilleure cuvée ? La saison 89-90. L'OM remporte le titre grâce

Papin, face au Montpelliérain Der Zakarian.

Papin, au démarrage, devant les Danois.

à un doublé de Papin aux dépens d'Auxerre. Il marque 3 buts en finale de Coupe (victoire 4-3 sur Monaco) et reçoit la fameuse accolade du président de la République, François Mitterrand.

- Au cours de l'été 1990, Papin renouvelle pour cinq ans son contrat avec l'OM. En mai 1991, après la finale de Bari, Tapie le laisse libre de signer dans le club étranger de son choix. Contacté par Silvio Berlusconi, Papin fait ses valises pour l'Italie douze mois plus tard. Tapie encaisse à l'occasion 12 milliards de lires (50 millions de francs) ; le joueur, 8 millions par an.
- Avec le Milan AC, Papin, devenu « Djipipi », dispute 22 matches de championnat, et marque 13 buts, malgré une forte concurrence étrangère (Van Basten, Rijkaard, Gullit, Savicevic, Boban). Il perd, malheureusement pour lui, la finale de Coupe des champions, face à l'OM. Papin fait cependant une bonne saison et impressionne les observateurs italiens en marquant quelques buts fort spectaculaires.
- Grosse désillusion en fin d'année 1993 : le 17 novembre, la France est éliminée du Mondial, après sa défaite (2-1) contre la Bulgarie. Papin est sifflé par le public du Parc. L'élimination, la polémique avec Ginola, les sifflets : JPP choisit de ne plus jouer en équipe de France... puis revient sur sa décision et répond favorablement à l'appel de Jacquet pour jouer contre le Chili.
- A la fin de l'actuelle saison 1994, Jean-Pierre Papin, usé par l'éternelle concurrence milanaise, choisit de partir avec l'accord de son club. Il signe au prestigieux Bayern de Münich, où il retrouvera Franz Beckenbauer.
- Papin hors du terrain : il roule en BMW M3 et Mitsubishi Pajero, adore les pizzas, admire Sharon Stone et Robert Redford, écoute Dire Straits. Il possède une extraordinaire collection de cassettes vidéo et d'autographes de champions du passé.
- En 1991, Jean-Pierre Papin a remporté le Ballon d'Or de *France-Football*.

★ RAÏ ★

BRÉSIL

Un Brésilien nostalgique

● Né le 15 mai 1965 à Ribeirao Preto, dans l'État de São Paulo. 1,89 m pour 87 kg. Il compte cinq frères, dont le célèbre Socrates. Malgré des origines modestes, leur père a pu faire des études et devenir procureur, accédant ainsi à une bonne position sociale, ce qui a permis à Raï d'être élevé dans d'excellentes conditions et d'étudier jusqu'à l'université. Il y a effectué une année d'histoire puis une année de physiothérapie. En arrivant à São Paulo, Raï a dû abandonner la fac par manque de temps. Mais pas à titre définitif : « Au terme de ma carrière, je prétends reprendre mes études. Je ne souhaite pas être le seul de la famille à ne pas posséder de diplômes : deux de mes cinq frères sont ingénieurs, deux autres médecins, dont Socrates, un avocat », clame le joueur brésilien dans une interview à Francis Huertas et *France-Football*, en janvier 1993.

● Raï, diminutif de Raimondo, prénom de son père, Souza Viera de Oliveira est marié depuis l'âge de 17 ans avec Cristina. Ils ont eu deux filles : Emmanuelle, née en 1983, et Rairai, née en 1988.

● Ses différents clubs : Botafogo Ribeirão Preto (1980-1986), Ponte Preta Campinas (1986-1987), Botafogo Ribeirão Preto (1987-1988), São Paulo FC (1988-1993), Paris-SG (1993-1994).

● Palmarès : championnat de São Paulo en 1989, 1991 et 1992 ; championnat du Brésil en 1991 ; Copa Libertadores en 1992, 1993 ; Coupe intercontinentale en 1992 ; championnat de France en 1994.

● Jusqu'alors dans les équipes de jeunes du Botafogo, Raï débute dans la formation professionnelle du club de Ribeirão Preto en 1982. Il touche à l'époque 150 dollars par mois et dispute le championnat pauliste.

● « Raï est encore plus fort que son frère Socrates », dit de lui un jour l'entraîneur du Botafogo, Ze Duarte. Raï possédait le même calme, le même touché de balle que son frère. Au fil des saisons, on lui découvrit un « plus » par rapport à Socrates : un physique de surhomme et une grande volonté le poussant à se défoncer à l'entraînement. Cela n'a jamais été le point fort de Socrates, qui préférait fréquenter les cours de médecine ou bien encore... dormir !

Raï, le capitaine brésilien, sous le regard de Branco.

● Après avoir été prêté une saison à Ponte Preta, Raï dispute un excellent championnat de São Paulo avec le Botafogo Ribeirão Preto. Cela ne passe pas inaperçu et vaut à « Pivete » d'être sélectionné en équipe du Brésil par Carlos Alberto Silva. Ce dernier décide même de l'emmener avec lui pour jouer la Stanley Rous Cup en Grande-Bretagne. La Selecão remporte cette compétition en tenant en échec (1-1) l'Angleterre à Wembley, puis en battant (2-0) l'Écosse à Glasgow.

● Avec l'arrivée de Sebastião Lazaroni, Raï disparaît de la sélection brésilienne. C'est donc sans lui que le Brésil s'effondre lors du Mondiale en Italie. Le remplacement de Lazaroni par Falcão permet à Raï de revenir en sélection, et de participer à la Copa America 1991, où il ne jouera que 3 rencontres, dont 1 seule en intégralité.

● C'est Carlos Alberto Parreira, nommé à la tête de la sélection en septembre 1991, qui va consacrer Raï comme le véritable meneur du Brésil, que le public parisien découvre un soir d'août 1992, au Parc des Princes : le 26 plus exactement, à l'occasion d'un match amical où le Brésil se joue (2-0) de l'équipe de France sous la conduite d'un excellent Raï qui, d'un redoutable coup de tête, oblige Martini à catapulter le ballon dans sa propre cage. Raï fait donc partie de ce groupe qui a qualifié le Brésil pour la phase finale de Coupe du monde, en sortant l'Uruguay, avec 3 buts à son actif contre l'Uruguay, le Venezuela et la Bolivie. La Bolivie était l'autre qualifié du groupe B.

● En ce qui concerne São Paulo, Raï y est transféré après avoir fait parler de lui en sélection lors de la Stanley Rous Cup et disputé un bon championnat pauliste (le Botafogo se classe 6e du groupe A, le même que celui du São Paulo). Un championnat que son nouveau club remporte en 1989 en disposant de San José lors de la finale. Il dispute même la finale du championnat national, mais est battu par le Vasco de Gama. Idem en 1990 avec une défaite encore plus cuisante face aux voisins des Corinthians de São Paulo. L'affront est enfin lavé en 1991 : le São Paulo FC de Zetti, Cafu, Muller, Macedo et Raï (meilleur buteur du club avec 7 buts en 22 matches) s'impose au Bragantino, véritable révélation de la saison. L'équipe de Raï fait coup double en remportant aussi le championnat de São Paulo.

● En 1992, le São Paulo FC de Tele Santana s'impose au niveau continental en remportant la Copa Libertadores. Battus (1-0), à la finale aller, par les Argentins de Newell's Old Boys, les Paulistes ne doivent leur salut qu'au sang-froid de Raï, qui au cours du retour transforme le penalty égalisateur à la 65e minute, ce qui permet à São Paulo de disputer l'épreuve des tirs au but et d'enlever le trophée.

● Cette victoire permet au São Paulo FC de disputer la Coupe intercontinentale à Tokyo. Raï y brille de mille feux, marque 2 buts splendides, qui donnent la victoire (2-1) à son équipe aux dépens du FC Barcelone, et s'attire les faveurs des recruteurs de nombreux clubs européens.

● Le Paris-SG et l'Atletico Madrid sont les clubs à montrer le plus d'intérêt pour Raï. La balance finit par pencher du côté des Français : au PSG évoluent déjà deux Brésiliens, Valdo et Ricardo Gomes, deux amis de Raï. Sans oublier l'entraîneur, le Portugais Artur Jorge, qui parle la même langue. Ainsi, le mé-

Raï, en Coupe d'Europe, contre Craïova.

diateur lusitanien Manuel Barbosa fait signer au numéro 10 de la Selecão un contrat de trois ans avec le club parisien. L'indemnité de transfert est estimée à 2,6 millions de dollars (plus de 15 millions de francs) pour le São Paulo FC et 500 000 dollars pour le joueur.

● Dans un premier temps, il fut question de prêter Raï au Benfica Lisbonne jusqu'à la fin de la saison 92-93, mais Tele Santana préféra le garder avec lui jusqu'au terme de son contrat, en juin. Raï en profite pour remporter une deuxième Copa Libertadores (4 buts, dont 1 en finale, face à l'Université catholique du Chili). Il inscrit aussi 13 buts en championnat de São Paulo.

● L'aventure parisienne commence en beauté pour Raï : le 11 septembre 1993, il offre la victoire au PSG pour son premier match de championnat contre Montpellier. Qui plus est au Parc des Princes. Par la suite, l'ex-vedette de São Paulo se montrera un peu moins brillant. Au point de se faire tirer l'oreille par Carlos Alberto Parreira, le sélectionneur brésilien, en vue de la World Cup 94...

● En dehors du football, Raï aime beaucoup le cinéma, le théâtre et la musique. En particulier, celle de son pays : qu'elle soit populaire ou bien rock (son chanteur préféré est Caetano Veloso). Au niveau politique, Raï se prononce (discrètement) en faveur des partis de centre gauche brésiliens.

AFA
adidas

★ FERNANDO CARLOS REDONDO ★

ARGENTINE

L'homme de la pampa

● Né le 6 juin 1969 à Adrogué, dans la province de Buenos Aires. 1,86 m pour 75 kg.

● Fernando a passé son enfance à San Fernando, dans la banlieue nord de Buenos Aires, un quartier chic. La famille Redondo est aisée : le père, Fernando senior, dirige une importante entreprise d'aliments surgelés. Sa femme, Cristina, a pu ainsi élever plus que convenablement Fernando junior et son frère cadet, Leo.

● Ses différents clubs : Argentinos Junior (1980-1990), CD Tenerife (1990-1994).

● Palmarès : championnat d'Amérique du Sud cadets en 1985, Coupe intercontinentale des nations en 1992, Copa America en 1993.

● Alors que Leo joue au rugby, considéré comme un sport de nantis en Argentine, Fernando Carlos a très tôt choisi le football. A 8 ans, il débute dans l'équipe poussins du Talleres de Remedio d'Escalada et dispute de nombreux tournois en salle où il affine sa technique.

● Au printemps 1980, un recruteur de l'Argentinos Junior, club que Maradona vient de quitter pour signer au Boca Junior, le découvre à l'occasion d'un match en plein air et lui propose de rejoindre l'école de foot des Rouge et Blanc. Fernando accepte immédiatement. Pendant cinq ans, son père va traverser Buenos Aires pour l'amener aux entraînements. Il le soutient et l'oblige à se remettre en permanence en question.

● A 15 ans, Fernando Carlos s'entraîne avec l'équipe première d'Argentinos qui, au terme de la saison 84-85, remporte la Copa Libertadores. Il commence sérieusement à songer à faire carrière. Papa Redondo joue, une fois de plus, les pompiers : « Es-tu vraiment disposé à sacrifier ton adolescence, les sorties du samedi soir et les fêtes de l'école, pour le football ? » Pour Fernando, une seule réponse : oui !

● Redondo débute en équipe première à 16 ans : le 29 septembre 1985, lorsque le club de Buenos Aires concède au Gimnasia y Esgrima de La Plata un nul (1-1) sur son terrain d'Atlanta. Mais Fernando ne gagne sa place de titulaire en championnat qu'en

87-88. Là, il devient titulaire d'une équipe où il évolue en numéro 5, c'est-à-dire en « libero du milieu de terrain », comme le poste est défini en Argentine. Fernando effectue un important travail de récupération et, au besoin, oriente et éclaire le jeu.

● Fernando est convoqué en équipe nationale A. Il décline l'invitation ! A la tête de la sélection se trouve Carlos Bilardo, qui préconise un football froid, spéculateur et physique, un jeu qui ne plaît pas à Redondo. Sous prétexte de consacrer plus de temps à ses études de sciences économiques, Fernando tourne le dos à Bilardo. Il pose pour *El Grafico* devant son lycée, avec des livres à la main. Les titulaires de la sélection, Maradona en tête, prennent mal la chose : « Nous qui mettons notre vie de côté pour porter le maillot de l'Argentine, nous sommes des ignorants, alors ? » Redondo devient en peu de temps antipathique à beaucoup de monde. Et il se prive d'une Copa America (1989) et d'une Coupe du Monde (1990).

● Mais Redondo continue de briller avec son club et s'attire les convoitises de prestigieuses écuries européennes. Comme son club ne consent pas à lui payer toute une série de primes, Redondo décide de quitter son pays et refermer ses livres d'économie pour prendre un avion en direction de l'Espagne.

● Redondo signe à Tenerife et, après six mois difficiles à cause d'une blessure, s'impose comme l'un des meilleurs milieux défensifs de la Liga. Sous les ordres de son compatriote Jorge Solari, dont il va épouser la fille, Fernando dispute une bonne première saison à Tenerife et joue 23 rencontres de championnat, marquant 1 but (en cinq saisons avec l'Argentinos, il avait joué 75 matches et marqué 1 fois).

● En 91-92, Jorge Valdano succède à Solari. Un Valdano dont les conceptions offensives enchantent Redondo. Il forme avec les autres Argentins Juan Antonio Pizzi et Oscar Dertycia un trio d'étrangers de tout premier plan, qui va donner sa pleine mesure la saison suivante.

● Au cours de ses 32 matches de Liga, Redondo (qui y a marqué à deux reprises) a été plusieurs fois supervisé par Alfio Basile, le nouveau sélectionneur de l'Argentine. Il le fait débuter avec les « A » à l'occasion d'un match amical contre l'Australie, en août 92. Fernando gagne ensuite la Coupe intercontinentale des nations, en octobre, et y est sacré meilleur joueur.

● Avec Tenerife, Redondo réalise une superbe saison 92-93 qui s'achève par une qualification en Coupe de l'UEFA. Une blessure aux ligaments l'a cependant éloigné des terrains tout l'hiver, lui faisant manquer 2 rencontres de prestige avec l'Argentine (le match du centenaire de la Fédération argentine, contre le Brésil, et celui l'opposant au champion d'Europe en titre, le Danemark, à l'occasion de la Coupe Artemio-Franchi). En championnat, il ne joue que 20 matches mais marque 4 buts : un record pour lui !

● Redondo est également au centre de nombreuses polémiques : le Brésilien de la Corogne, Mauro Silva, l'a accusé d'avoir proféré des propos racistes à son encontre ; des joueurs d'Osasuna jurent qu'il les a menacés au cours d'un match ; Maradona l'a traité à

Le caballero Redondo devant ses bourreaux colombiens (Argentine : 0, Colombie : 5).

plus d'une reprise de traître et a, à une certaine époque, fait savoir qu'il refusait de jouer en sélection avec lui. D'ailleurs, Fernando n'a pas sa langue dans la poche : de Valdano, il a un jour dit qu'il était quelqu'un de très sympathique, mais qu'il avait encore beaucoup à apprendre en tant qu'entraîneur !

- Avec le temps, les choses sc sont tassées : Redondo et Maradona ont fait la paix et qualifié (difficilement) l'Argentine pour la Coupe du Monde 1994.
- Le contrat de Redondo avec Tenerife court jusqu'en 1996. Pour s'attacher ses services, tout club intéressé devrait débourser un minimum de 90 millions de francs. Le Real Madrid semblait sur le point de s'offrir le joueur. Mais le caractère ombrageux de Fernando et la situation financière catastrophique du club l'en ont dissuadé.
- Redondo est un grand admirateur de César Menotti, le sélectionneur de l'Argentine championne du monde 1978.
- En Coupe UEFA 93-94, Redondo et Tenerife ont sorti Auxerre avant de se faire éliminer par la Juventus de Roberto Baggio.

Commodore

★ RICARDO ★

BRÉSIL

La tour de contrôle

● Son nom entier est Raimundo Ricardo Gomes. Ricardo est né le 13 décembre 1964 à Rio de Janeiro, capitale de l'État de Rio. 1,83 m pour 76 kg.

● Clubs successifs : Fluminense Rio de Janeiro (1977-1988), Benfica Lisbonne (1988-1991), Paris SG (1991-1994).

● Palmarès : championnat de Rio en 1983, 1984, 1985 ; championnat du Brésil en 1984 ; Copa America en 1989 ; championnat du Portugal en 1989, 1991 ; Supercoupe du Portugal en 1989 ; Coupe de France en 1993.

● Gamin, Ricardo passe son temps à jouer. En particulier au football en salle, dans l'équipe de Baila Isabel, modeste formation du quartier de Tijuca, à Rio. Quand il ne joue pas sur les plages... A 13 ans, Ricardo est remarqué par des recruteurs du Fluminense au cours d'un tournoi en salle : on l'invite à venir visiter les installations du club. Le jeune Ricardo Gomes signe alors une licence pour le prestigieux club carioca.

● Ricardo évolue dans différentes équipes de jeunes, avant de rejoindre la première division à 18 ans. Nous sommes en 1983 et Ricardo intègre l'équipe première de Fluminense, effectuant ses débuts contre São Cristovão. Second match : rien de moins que le célèbre « Fla-Flu », derby de Rio opposant Fluminense à Flamengo. Un grand moment d'émotion pour Ricardo : « Un souvenir inoubliable, intense ! 120 000 personnes qui hurlent, chantent, dansent. Et se dire que l'on est là, que l'on participe à cet événement, à cette fête. »

● En 1983, Ricardo remporte le premier de ses 3 titres cariocas. Trois titres d'affilée pour Fluminense, qui domine, alors, le football brésilien. En 1984, « Flu » et Ricardo enlèvent même le championnat national. C'est d'ailleurs une grande saison pour Ricardo, qui débute en sélection. Après un apprentissage avec la formation pré-olympique, Ricardo endosse le maillot de l'équipe A contre l'Angleterre, le 10 juin, au Maracana. Une rencontre où l'on retiendra surtout l'extraordinaire prestation de l'Anglais John Barnes, auteur d'un but fabuleux (cinq joueurs brésiliens dribblés avant de marquer !).

Ricardo sous le maillot du Brésil face à Gravelaine (PSG).

● En sélection, Ricardo n'est pas encore titulaire. Lorsqu'il a l'occasion de le devenir, à la veille de la Coupe du Monde 1986, il se blesse à la cheville et ne part pas pour le Mexique. Parallèlement, Ricardo s'impose, avec Fluminense, comme l'un des meilleurs défenseurs centraux du Brésil. Il lui arrive même de jouer comme latéral.

● Au printemps 1988, en compagnie de Valdo, Ricardo retrouve la sélection pré-olympique qui s'envole à destination de l'Europe pour y effectuer une tournée de préparation aux JO de Séoul. C'est là que les dirigeants de Benfica, venus superviser l'« artiste du Gremio de Pôrto Alegre » (Valdo), le remarquent. En fin de compte, Ricardo et Valdo vont rejoindre tous deux le club de Lisbonne. Ils y retrouvent un autre Brésilien, Carlos Mozer.

● Malheureusement pour Ricardo, l'aventure européenne se teinte d'amertume avant même d'avoir commencé : les dirigeants de Benfica refusent de libérer le défenseur brésilien pour qu'il dispute les Jeux de Séoul. Énorme déception pour Ricardo. Cela ne l'empêche pas de disputer un très bon championnat du Portugal, sous la houlette d'un entraîneur exgloire du club, Toni. Benfica enlève le titre haut la main, avec une belle marge de sécurité (7 points d'avance sur son dauphin, le FC Porto, et 14 sur Boavista, 3e) : meilleure défense (15 buts), meilleure attaque (60 buts), meilleur buteur (Vata, 16 buts). Ricardo joue 31 matches et marque 8 buts (2e buteur du club !).

● En sélection, Sebastiao Lazaroni provoque une petite révolution au Brésil en imposant le rôle de libero. C'est Ricardo qu'il choisit, avec succès : la Seleção s'impose lors de la Copa America, disputée au Brésil. Sur sa lancée, l'équipe de Lazaroni se qualifie sans problème pour la Coupe du Monde en Italie. Ricardo est le capitaine de la sélection brésilienne. On parle de lui comme l'un des meilleurs liberos de la planète. En outre, avec Benfica, il a su se faire valoir également en Europe, disputant contre le Milan AC (défaite 1-0) la finale de Coupe des champions, à Vienne. A noter qu'en demi-finale Benfica a éliminé l'OM : tout le monde se souvient encore de la fameuse main de Vata...

● La Coupe du Monde sera un demi-échec pour le Brésil, éliminé en huitième de finale par l'Argentine de Maradona. Ricardo va se refaire, partiellement, en remportant son deuxième titre de champion du Portugal, au printemps 91, après un palpitant duel avec le FC Porto. Une fois encore, Benfica impressionne : meilleure défense (18 buts), meilleure attaque (89 buts), meilleur buteur (Ruí Aguas, 25 buts). Ricardo ? Excellent : il dispute 36 rencontres et marque à 9 reprises (là encore, buteur numéro 2 de Benfica). L'entraîneur est suédois : Sven Goran Eriksson.

● Ricardo se trouve bien à Lisbonne, au point qu'il signe avec Benfica un contrat jusqu'en 1995. Il va pourtant changer d'air, au cours de l'été 1991, partant pour le Paris SG. Après, cependant, de longues et fastidieuses négociations entre les dirigeants « benfiquistes » et le PSG. Ricard finit par être transféré dans le club de la capitale française pour 30 millions de francs.

● A Paris, Ricardo dispute deux bonnes saisons. En 91-92, il joue 37 matches et marque 2 buts. En 92-93, il totalite 36 rencontres pour 5 buts. En prime, une victoire en Coupe de France et une demi-finale de Coupe UEFA (contre la Juventus de Roberto Baggio). Sans oublier la sélection, qui se qualifie pour la World Cup 94.

● Ricardo est, avec Valdo, devenu une des idoles du PSG, lancé en 93-94 vers le deuxième titre de son histoire. Le PSG se dote donc d'un net accent portugais avec le trio de joueurs brésiliens (Valdo-Rai-Ricardo) et l'entraîneur Artur Jorge (natif de Porto).

★ ROMARIO ★

BRÉSIL

Première étoile du Barça

● Romario de Souza Faria est né le 29 janvier 1966 à Rio de Janeiro, plus grande ville du Brésil. 1,68 m pour 70 kg. Marié avec Monica, un enfant.

● Ses différents clubs : Villa de Pena (1976-1979), Olaria (1979-1984), Vasco de Gama (1984-1989), PSV Eindhoven (1989-1993), FC Barcelone (1993-1994).

● Palmarès : championnat de Rio Janeiro en 1987, 1988 ; championnat des Pays-Bas en 1989, 1991, 1992 ; Coupe des Pays-Bas en 1989 ; Copa America en 1989 ; médaille d'argent aux JO de Séoul en 1988.

● Romario débute, tout jeune, à Villa de Pena, club des faubourgs de Rio dirigé par son père. En 1979, il passe dans une bonne équipe du championnat de Rio, l'Olaria. Dans cette formation, Romario joue au sein des différentes équipes de jeunes et intègre les « A » à 16 ans. Un jour, Olaria rencontre le prestigieux Vasco de Gama : la petite équipe carioca s'impose (4-0) et Romario marque tous les buts. Les dirigeants du club à la croix de Malte n'oublieront pas ce petit joueur au pied droit magique. Courant 1984, Romario est recruté par le Vasco. Il y joue jusqu'en 1988, remportant deux championnats de Rio (87 et 88), ainsi que deux titres de meilleur buteur (86 et 87). Avec le Vasco, Romario aura marqué 73 buts en 123 matches officiels.

● Romario fait aussi parler de lui en dehors des terrains. En août 1985, il est exclu de la sélection juniors du Brésil pour avoir commis des gestes obscènes à l'intérieur de l'hôtel où se trouve logée l'équipe. En 1987, la presse brésilienne rapporte que Romario s'est amusé à montrer ses parties génitales d'une fenêtre d'un hôtel de Copacabana !

● C'est à l'occasion des jeux de Séoul que le nom de Romario fait, pour la première fois, le tour de la terre. Le petit Brésilien termine meilleur buteur du tournoi après avoir infligé 2 buts au Nigeria et 3 à l'Australie au premier tour, puis 1 à la RFA en demi-finale et, enfin, 1 dernier à l'Union soviétique au cours de la rencontre pour la médaille d'or. Un but qui n'empêchera pas les Soviétiques de s'imposer dans les prolongations.

● Les dirigeants du PSV Eindhoven décident de débourser les 6 millions de dollars exigés par le Vasco pour le laisser partir en Europe. Un transfert rocambolesque : la firme Philips, propriétaire du PSV, ne pouvant rapatrier aux Pays-Bas les énormes bénéfices de sa filiale brésilienne qu'à condition de payer un très lourd impôt, décida de confier l'achat de Romario à la NMB, la Banque des Pays-Bas. Cette der-

Les débuts européens de Romario à Eindhoven.

nière acheta alors 6 millions de dollars des 121 milliards de la dette extérieure du Brésil, changea l'argent en cruzeiros et le déposa sur le compte en banque du Vasco. Philips réalisait un bénéfice de 1,5 million de dollars nets d'impôt en raison de la décote de 25 % sur les titres de la dette brésilienne. Le PSV se trouva, pour six ans, en possession d'un joueur qui ne lui avait coûté « que » 4,5 millions de dollars.

● Les habitués du Philips Stadium d'Eindhoven découvrent alors un joueur doté d'une technique incroyable, tirant avec brio des deux pieds et adroit de la tête. Un joueur, très croyant, qui se signe avant d'entrer sur le terrain. Sa saison 88-89 est exceptionnelle : Romario remporte le doublé Coupe-championnat et enlève le classement des buteurs de D1 avec 19 buts en 24 rencontres. En Coupe des champions, il marque 2 buts contre le Real Madrid en quart de finale, mais son club est cependant sorti de la compétition par les Espagnols. Enfin, Romario remporte la Copa America en marquant le but décisif, lors du dernier match contre l'Uruguay.

● Mais Romario est également un joueur qui attire la polémique : rentré au Brésil pour soigner une blessure, il est surpris à jouer au football avec des amis. Inévitable, l'amende infligée par le PSV.

● Romario se fait pardonner sur le terrain : en 89-90, il marque 23 buts en 20 matches et enlève pour la seconde fois le titre de meilleur buteur. Il a pourtant manqué toute la fin de la saison, victime d'une fracture du péroné, en mars 90, face au FC La Haye, dans un choc avec Marco Gentile, cousin du célèbre Claudio. Une blessure qui, à quatre mois d'Italia 90, semble devoir le priver de Coupe du Monde. Surtout qu'après quelques semaines, Romario décide de retirer lui-même son plâtre pour aller signer en Italie un juteux contrat publicitaire. Il est à nouveau opéré et, grâce à un travail forcené, revient à la compétition à la veille de la Coupe du Monde.

● Pour Sebastiao Lazaroni, Romario n'a toutefois pas retrouvé la condition physique pour disputer, de bout en bout, un tournoi. Ainsi le sélectionneur brésilien ne lui fait-il disputer que soixante minutes face à

Romario avec le Brésil, contre l'Écosse.

l'Écosse. Lazaroni n'a, en outre, pas apprécié que Romario emmène en Italie son préparateur physique personnel et qu'il ait publiquement critiqué le staff technique brésilien. L'artiste d'Eindhoven se déchaîne ensuite contre Lazaroni et le président de la Fédération brésilienne. De plus, il jure à qui veut l'entendre qu'il ne portera plus le maillot de la Selecão.

- La saison suivante est du même calibre : en mars 1991, ses coéquipiers du PSV demandent à leur entraîneur, l'Anglais Robson, de sortir Romario de l'effectif. Le coach refuse : le Brésilien le remercie en marquant 4 buts contre Utrecht (5-1). D'ailleurs, Romario est toujours aussi efficace et remporte à nouveau la couronne des buteurs, ex aequo avec Bergkamp, en inscrivant 25 buts en 25 matches. Il gagne un second titre de champion des Pays-Bas.
- En 91-92, une blessure l'éloigne des terrains. Romario dispute alors sa plus « petite » saison avec le PSV (9 buts en seulement 14 rencontres). L'équipe d'Eindhoven remporte encore le titre, grâce à Wim Kieft (19 buts) et au précieux apport du Zambien Kalusha Bwalya. Romario n'a bien sûr pas épargné de ses critiques Bobby Robson.
- 92-93, dernière saison de Romario au PSV. Avec des exploits à la pelle en Ligue des champions (un but d'anthologie contre le Milan AC) et en championnat des Pays-Bas (deuxième meilleur buteur, derrière Bergkamp, avec 22 buts en 26 matches) et encore et toujours des critiques envers son entraîneur Westerhof, ses dirigeants et ses coéquipiers. Même situation en sélection, où Romario est exclu de la Selecão, en décembre 1992, pour avoir refusé le banc de touche lors d'un match amical, gagné (3-1) contre l'Allemagne. Carlos Alberto Perreira et Mario Zagalo reviendront ensuite sur leur décision. Et Romario assurera la qualification du Brésil à la World Cup 94 en marquant 2 buts contre l'Uruguay, le 19 septembre 1993.
- Entre-temps, les dirigeants du PSV se sont séparés de Romario et l'ont cédé au FC Barcelone pour près de 30 millions de francs. En Catalogne, le Brésilien a signé un contrat de trois ans, plus trois autres en option, pour un montant de 125 millions de pesetas.

ATHOS

★ ENZO SCIFO ★

BELGIQUE

Un Sicilien au pays de Tintin

● Né le 19 février 1966 à Haine-Saint-Paul, près de La Louvière (province du Hainaut). 1,75 m pour 70 kg. Scifo se prénomme Vincenzo, mais il est plus courant de l'appeler par son diminutif, Enzo. A sa naissance, Enzo possède la seule nationalité italienne, celle de ses parents originaires de sicile. A 18 ans, Enzo opte pour la nationalité belge.

● Ses différents clubs : La Louvière (1973-1981), RSC Anderlecht (1981-1987), Inter Milan (1987-1988), Girondins Bordeaux (1988-1989), AJ Auxerre (1989-1991), Torino (1991-1993), AS Monaco (1993-1994).

● Palmarès : championnat de Belgique 1985, 1986, 1987 ; Supercoupe de Belgique 1985, 1987 ; finaliste de la Coupe UEFA 1984, 1992 ; vainqueur de la Coupe d'Italie 1993.

● Enzo est marié à Marie-Pierre et père de deux filles, Sarah (1990) et Elena (1993). Le meneur de jeu monégasque est très attaché à sa famille : sa mère, Alfonsa, et son père, Agostino, émigré en Belgique pour travailler à la mine.

● A 7 ans, il intègre déjà l'équipe débutants de La Louvière, sa ville. Jusqu'à 14 ans, il accumule les victoires en championnats de jeunes, évoluant toujours avec des garçons âgés d'un ou deux ans de plus que lui, Enzo possède la classe à l'état pur : en tant qu'avant-centre, il marque, en moyenne, une centaine de buts par saison ! Anderlecht le remarque et lui fait signer un contrat de non-sollicitation de 150 000 francs français et le décide à rejoindre Bruxelles en septembre 1981.

● En cours de saison 81-82, Scifo fait quelques apparitions en équipe réserve et peut ainsi côtoyer les pros : « Les stars de l'époque se nommaient Morten Olsen, Franckie Vercauteren, Paul Van der Eycken et Juan Lozano. Je mangeais avec eux, parfois. Je sau-

Le premier match de la saison de Scifo à Nantes.

tais les cours pour aller les observer à l'entraînement. Je ne voyais qu'eux ! » Une motivation supplémentaire pour se surpasser à l'entraînement et accumuler les grands matches avec l'équipe réserve. La récompense : à l'intersaison 82-83, Paul Van Himst, qui vient de prendre en main l'effectif pros (il remplace Tomislav Ivic), l'appelle pour une tournée en Italie avec l'équipe première d'Anderlecht, qui y dispute 2 rencontres. Scifo joue 2 fois vingt minutes et Van Himst lui promet de l'intégrer dans le groupe professionnel.

● Scifo débute en D1 le 16 août 1983, lors d'un match contre La Gantoise. Il y joue toute la rencontre, sans toutefois convaincre. Malgré la victoire d'Anderlecht, la presse sportive belge fait crouler le jeune Enzo sous les critiques. Il lui est reproché une trop grande faiblesse mentale. « Ils me disaient qu'à 16 ans j'étais trop jeune pour faire carrière avec les pros. » Pour le préserver, Van Himst le mettra quelque temps en retrait : durant 7 matches, Enzo ronge son frein sur le banc de touche et prépare son retour, qui a lieu contre Malines : Anderlecht gagne (4-1) et Scifo marque 2 buts. Vincenzo ne quitte plus l'équipe première.

● Tout va très vite pour Enzo. Au début de l'année 1984, il a dû faire un choix qui va conditionner toute sa carrière : garder la nationalité italienne ou opter pour la belge. Le cœur d'Enzo penche du côté de l'Italie. D'autant qu'Enzo Bearzot, le sélectionneur italien, le tient en considération et a même pris contact avec la famille Scifo. Mais Vincenzino doit assurer son avenir et aucun club transalpin ne lui a fait de propositions concrètes. La Fédération belge fait le pressing : Scifo prend le passeport de son pays de naissance et il est convoqué dans la sélection de Guy Thys, qui manque d'un meneur de jeu depuis la retraite de Wilfried Van Moer.

● En sélection, Scifo retrouve dans l'entre-jeu des joueurs du calibre de René Vandereycken, Ludo Coeck et Franckie Vercauteren. C'est une équipe confiante qui aborde donc l'Euro 84, organisé par la France. Lors du premier match, face à la Yougoslavie, Thys lance immédiatement Enzo dans la bataille. Il ne le regrettera pas : ce meneur de jeu d'à peine 18 ans illumine le match de toute sa classe et inspire la victoire (2-0) des Belges. La presse internationale est en extase devant Vincenzino. Les défaites contre la France (5-0) et le Danemark (3-2) n'y changeront rien : Scifo s'est encore montré le meilleur de son équipe. Enzo sera également élu meilleur joueur de l'année, en Belgique.

● Les trois saisons suivantes de Scifo à Anderlecht vont être marquées par une écrasante domination du club bruxellois sur le football belge : le club du président Constant Van den Stock enlève 3 titres consécutifs (85, 86, 87) et 2 Supercoupes (85 et 87). Trois saisons que Scifo dispute à un bon niveau, même si la vedette lui est volée par Lozano, Vandenbergh et Czerniatynski.

● A l'Inter de Milan Scifo va complètement rater sa première expérience avec le Calcio. Un peu flambeur (il possède une Mercedes immatriculée « ENZ 001 » !), il n'est pas accepté par les ténors du groupe que sont Altobelli, Bergomi, Zenga, Ferri et Passarella. Auteur de matches plus que moyens, Enzo devient rapidement la cible de la presse italienne. Le président Pellegrini décide de prêter l'Italo-Belge aux Girondins de Bordeaux.

● La saison passée par Scifo en Gironde est proprement catastrophique. Bordeaux finit le championnat à la 16e place, sa plus mauvaise depuis 77-78 (16e). Enzo (24 matches et 7 buts en D1) n'arrive pas à s'intégrer au jeu de l'équipe. L'ex-meneur d'Anderlecht connaît même l'humiliation de jouer avec l'équipe réserve, en troisième division. Il pense abandonner le football pro...

● Le salut passera par Auxerre, où Guy Roux accepte de le relancer. En Bourgogne, Scifo gagne beaucoup moins d'argent qu'à Bordeaux, mais il retrouve pleine confiance en ses propres moyens, grâce à Guy Roux. « Il ne m'a pas dit comment contrôler un ballon. Il ne m'a pas rempli la tête avec des problèmes tactiques. Non, lui, qui a la réputation de se tenir trop

Enzo Scifo, meneur de jeu de l'équipe de Belgique.

près de ses joueurs, m'a laissé libre de jouer à ma manière. Avec son intelligence, il a parfaitement su me gérer. »

- Enzo est devenu le leader d'Auxerre : Guy Roux, pour le motiver encore plus, lui confie le brassard de capitaine. Au terme de la saison 90-91, Scifo arrive à pleine maturité : meilleur remiseur de D1, il marque 14 buts en 34 rencontres. Pour Michel Platini, Scifo est « le meilleur milieu de terrain du championnat français et l'un des plus forts d'Europe ».
- L'Inter hésite à le reprendre et finalement le cède au Torino (pour 9 milliards de lires). Là, il jouera une finale de la Coupe UEFA et remportera la Coupe d'Italie 1993.
- A l'intersaison, « l'enfant de La Louvière » choisit l'ASM, un club discret mais ambitieux. Après un début de saison timide, Enzo se révèle un stratège hors pair, le véritable leader de l'équipe d'Arsène Wenger.
- En Principauté, Enzo Scifo habite un immeuble moderne situé dans le centre ville, à deux pas de l'appartement de Jürgen Klinsmann. L'appartement de la famille Scifo donne sur la Méditerranée : de quoi satisfaire Enzo, qui est venu de nombreuses fois passer ses vacances sur la Côte d'Azur, entre Cannes et Antibes.
- Vincenzo Scifo est l'un des trois étrangers de l'AS Monaco avec Jürgen Klinsmann (Allemagne), Victor Ikpeba (Nigeria).

★ HRISTO STOICHKOV ★

BULGARIE

La dague de Bulgarie

● Né le 8 février 1966 à Plovdiv (Bulgarie). 1,78 m pour 73 kg. Hristo est marié à Mariana (deux filles, Mikaella et Cristina) et habite à Sant Just, près de Barcelone, non loin de chez Laudrup.

● Clubs successifs : Maritza Plovdiv (1983-1984), CSKA Sofia (1984-1990), FC Barcelone (1990-1994).

● Palmarès : Coupe de l'Armée soviétique en 1985, 1989, 1990 ; Coupe de Bulgarie en 1987, 1988, 1989 ; championnat de Bulgarie en 1987, 1989, 1990 ; championnat d'Espagne en 1991, 1992, 1993 ; Coupe d'Europe des clubs champions en 1992 ; Supercoupe d'Europe en 1993.

● Hristo se fait connaître du grand public en disputant avec le Maritza de Plovdiv un excellent championnat de D2, au cours de la saison 83-84. Il attire surtout l'attention des recruteurs du CSKA Sofia, le club de l'armée bulgare. Cela lui vaut de débuter en D1 au sein du club le plus titré du pays. Le CSKA doit cependant, en cette saison 84-85 subir en championnat la loi de son rival de toujours, le Levski-Spartak, l'autre grand club de la capitale. Le CSKA et Stoichkov obtiennent une revanche partielle en s'imposant au cours de la Coupe de l'Armée soviétique. Reste la « belle », sous forme de finale de la Coupe de Bulgarie...

● Finale de la Coupe de Bulgarie 84-85 entre le CSKA et le Levski : le match est suspendu après que les joueurs des deux équipes ont provoqué une bagarre générale, agressant l'arbitre au passage. En réaction, la Fédération bulgare annule la rencontre (le CSKA menait 2-1) et sanctionne clubs, dirigeants et joueurs. Le CSKA est obligé de changer de nom et devient CFKA Sredets, alors que le Levski se transforme en Vitosha. Les deux équipes sont exclues du championnat : le titre 84-85 revient au Trakia Plovdiv. Quant à Stoichkov, il est dans un premier temps suspendu à vie, avant de voir sa peine réduite à une saison.

● Après une saison d'inactivité, Stoichkov reprend la compétition et remporte le titre sous les couleurs du Sredets. Pour Hristo, le retour est cependant difficile : il ne marque que 6 buts en championnat. Il faut dire que la concurrence est terrible dans le club

sofiote, avec une ligne d'attaque qui comprend, outre Stoichkov, des éléments tels que Lubos Penev et Emil Kostadinov. Un léger mieux pour Hristo se manifeste lors de la saison 87-88, avec 14 buts au compteur (en 27 rencontres).

● Hristo a pris ses marques. En 88-89, il s'empare du trône des buteurs bulgares en marquant 23 buts (pour 26 rencontres). L'année de la Coupe du Monde, il se surpasse et inscrit le total fabuleux de 38 buts en 30 matches (tout comme Hugo Sanchez, l'attaquant du Real Madrid, en Espagne).

● L'entraîneur du Barça, Johan Cruijff, est convaincu que Hristo est l'attaquant idéal pour finaliser son jeu offensif : Stoichkov signe pour le grand club catalan. Notre Bulgare est un très grand joueur, mais aussi un difficile caractère. Ainsi, lors d'un match de Supercoupe d'Espagne contre le Real, Hristo prend l'arbitre pour un ballon de football et se voit condamner à six mois de suspension, ramenés par la suite à deux.

Malgré son caractère de cochon, Stoickhov veut embrasser la foule du Nou Camp.

- En 92-93, Hristo réalise une très grande saison, remportant championnat (17 buts) et Coupe d'Europe. De quoi se présenter comme favori au Ballon d'Or. Pourtant, c'est Van Basten qui l'emporte, faisant pleurer de rage l'attaquant du FC Barcelone.
- A Barcelone, Stoichkov s'est étoffé. Ce n'est plus seulement un chasseur de buts égoïste, mais aussi un formidable remiseur, qui s'entend à merveille avec les deux autres étrangers du Barça, Koeman et Laudrup. Résultat : Barcelone remporte en 92-93 son troisième titre consécutif, coiffant une fois de plus le Real Madrid sur le poteau. C'est d'ailleurs Hristo qui marque le but décisif contre le Real Sociedad au cours de la dernière journée. Hristo termine ainsi meilleur buteur du club avec 20 buts. L'arrivée de Romario, à l'intersaison, ne va pas changer grand-chose : la mécanique de victoire du « professeur » Cruijff est désormais bien rodée...
- Côté sélection, Stoichkov s'octroie une superbe satisfaction en qualifiant la Bulgarie pour la Coupe du Monde aux États-Unis. La victime ! L'équipe de France de Gérard Houllier. Affreux...

CARLOS ALBERTO VALDERRAMA

COLOMBIE

L'Indien aux cheveux fous

● Né le 7 septembre 1961 à Santa Marta, dans la province de Magdalena. 1,77 m pour 72 kg. Marié depuis 1981 avec Claribeth. Trois enfants : Linda (née en 1981), Alan (1983) et Kenny (1988). Carlos est issu d'une famille de onze enfants, dont trois garçons, tous footballeurs : Alan (Union Magdalena), Roland (international juniors) et Didi Alex (Atletico Junior Barranquilla).

● Ses différents clubs : Santa Marta (1971-1981), Union Magdalena (1981-1984), Millionarios Bogota (1984-1985), Deportivo Cali (1985-1988), La Paillade Montpellier (1988-1991), Real Valladolid (1991-1992), Deportivo Independiente Medellín (1992), Atletico Junior Barranquilla (1993-1994).

● Palmarès : Coupe de France 1990 (ne joue pas la finale) ; 3e de la Copa America en 1987, 1993 ; championnat de Colombie en 1993.

● Carlos passe toute son enfance à Santa Marta, (superbe) ville portuaire de la mer des Caraïbes. Il n'a pas encore 10 ans qu'il joue déjà dans des sélections scolaires, puis rejoint le Santa Marta. A 15 ans, il fait partie de la sélection régionale de Magdalena, et, à 18, de l'équipe de Colombie Juniors avec laquelle, en 1981, il dispute le championnat sud-américain de cette catégorie d'âge.

● 1981 est une année importante pour Carlos : il signe un contrat professionnel avec l'Union Magdalena. En trois saisons, le jeune Valderrama se bâtit

Crinière au vent, Valderrama l'artiste n'hésite pas à tacler.

une réputation de joueur de grande classe. Inévitablement, en 1984, arrivent à Magdalena les offres des plus importants clubs du pays. Carlos choisit le plus prestigieux d'entre tous, Millionarios Bogota. Il pense ainsi arriver plus facilement en équipe nationale.

● Après seulement une saison, Valderrama quitte Millionarios pour le Deportivo Cali, où il explose finalement. Il débute en sélection contre le Paraguay, lors d'un match de qualification à la Coupe du Monde 1986. Que ce soit avec Vladimir Popovic à Cali ou avec « Pacho » Maturana en sélection, Carlos est un incontestable leader. Son look aidant (cheveux blonds style rasta, boucle d'oreille), Valderrama devient une idole du public colombien.

Le capitaine colombien face à l'Uruguay.

● En sélection, Carlos fait merveille. En juillet 1987, la Colombie réalise une superbe Copa America, qu'elle termine à la 3e place, après avoir battu l'Argentine (2-1) en match de classement. Valderrama (qui a même marqué un but contre la Bolivie) est élu meilleur joueur de la manifestation. En fin d'année, il reçoit le Ballon d'Or sud-américain d'*El Pais*, journal de Caracas (Venezuela).

● L'Europe commence à s'intéresser sérieusement à lui. « El Pibe » est dans les « petits papiers » de la Lazio, de la Sampdoria, du FC Barcelone, de l'Olympiakos. Sans oublier les Argentins de River Plate. Mais, en toute discrétion, l'impresario Manuel Garcia négocie avec Alfonso Munoz (président du Deportivo Cali) le transfert de Valderrama à Montpellier : en mai 1988, Carlos est vendu à La Paillade pour près de 12 millions de francs.

● Une fois à Montpellier, le « Gullit blond » semble devoir confirmer tous les espoirs que Louis Nicollin a placés en lui : Valderrama irradie de sa classe le tournoi de Paris, que La Paillade remporte grâce à un doublé du Colombien, en finale, contre le Partizan Belgrade. Mais en championnat, c'est une autre histoire : l'entraîneur Pierre Mosca pense qu'à l'extérieur c'est un luxe de jouer avec un élément tel que Carlos, qui ne garantit pas un filtre défensif efficace. Carlos boucle sa première saison en Europe avec un modeste bilan de 24 matches et 1 but. En Coupe de l'UEFA, Montpellier est immédiatement éliminé par Benfica et Valderrama, encore une fois, n'a pas été très brillant.

● Pour l'année de la Coupe du Monde, Montpellier et Nicollin ont de grandes ambitions : à Valderrama et Laurent Blanc, ils ont ajouté des joueurs tels que Cantona, Paille et Guérin. On vise haut, très haut : le championnat sera un désastre (13e place) et Carlos jouera encore moins que la saison précédente (18 matches). En Coupe, le club se rachète en remportant le trophée. Mais Carlos, expulsé en demi-finale contre Saint-Étienne, ne dispute pas le dernier acte au Parc des Princes.

● A Montpellier, on pense même à le renvoyer en Colombie, au Nacional Medellin ou dans son ancien club, le Deportivo Cali. Mais Carlos réalise une belle Coupe du Monde en Italie (Colombie en huitième de finale, éliminée après prolongations par le surprenant Cameroun) et Nicollin décide de le garder (Valderrama est encore sous contrat pour deux ans). En 90-91, le Colombien dispute, et de loin, sa meilleure saison : 35 matches et 2 buts en championnat ; quart de finale de Coupe des Coupes (élimination par Manchester United), après avoir sorti des équipes comme le PSV Eindhoven et le Steaua Bucarest. Mais si Carlos joue bien, ce n'est pas le joueur décisif que l'on attendait à Montpellier...

● A l'intersaison 91-92, Carlos part pour l'Espagne : le Real Valladolid rachète pour une bouchée de pain son contrat au club de l'Hérault. Mais, après 15 matches de Liga, Valderrama retourne en Colombie, au Deportivo Independiente de Medellin. Alvarez part, lui, à Barranquilla. En fin de saison, Valladolid descend en D2.

● Carlos dispute une saison à Medellin, avant de signer à l'Atletico Junior Barranquilla, en décembre 1992. Il va porter ce club vers son troisième titre, au terme d'une saison épuisante (près de 50 matches de championnat) et d'une lutte à couper le souffle avec son précédent club, le Deportivo Independiente.

La conviction de Valderrama devant l'Allemagne.

Carlos aura parfaitement rempli son rôle de chef d'orchestre du milieu de terrain, mettant le goleador de l'Atletico, Miguel Guerrero, dans les conditions idéales pour marquer. Guerrero remporte, avec 34 buts, le titre de meilleur buteur du championnat.

● En 1993, Valderrama se met également en valeur avec la sélection. D'abord à l'occasion de la Copa America, en Équateur, qui voit la Colombie obtenir la 3e place, après s'être fait sortir en demi-finale par l'Argentine, à l'épreuve des tirs au but. Ensuite et surtout pendant les éliminatoires de la World Cup 94, où Carlos met tout son talent créatif au service d'une fabuleuse ligne d'attaque colombienne (Rincon, Asprilla, « El tren » Valencia). Le 5 septembre 1993, Valderrama et la Colombie réalisent l'exploit de l'année en allant ridiculiser (5-0) l'Argentine à Buenos Aires.

● Valderrama remporte son deuxième Ballon d'Or – *El Pais* : avec 46 points, il devance le Bolivien Marco Etcheverry (30 pts), ainsi que le Brésilien Cafu et son compatriote Freddy Rincon (tous deux à 28 pts). Une belle carte de visite pour Carlos, avant de disputer, aux États-Unis, sa deuxième Coupe du Monde d'affilée.

COUPE DU MONDE 1994

	Date	Lieu	Heure locale	Heure française	Match	Score
1er TOUR	17 juin	Chicago	14:00	21:00	Allemagne - Bolivie	
	17 juin	Dallas	18:30	1:30	Espagne - Corée du Sud	
	18 juin	Detroit	11:30	17:30	États-Unis - Suisse	
	18 juin	New York	16:00	22:00	Italie - Eire	
	18 juin	Los Angeles	16:30	1:30	Colombie - Roumanie	
	19 juin	Orlando	12:30	18:30	Belgique - Maroc	
	19 juin	Washington	16:00	22:00	Norvège - Mexique	
	19 juin	Los Angeles	16:30	1:30	Cameroun - Suède	
	20 juin	San Francisco	13:00	22:00	Brésil - Russie	
	20 juin	Washington	19:30	1:30	Pays-Bas - Arabie Saoudite	
	21 juin	Boston	12:30	18:30	Argentine - Grèce	
	21 juin	Chicago	15:00	22:00	Allemagne - Espagne	
	21 juin	Dallas	18:30	1:30	Nigeria - Bulgarie	
	22 juin	Detroit	16:00	22:00	Roumanie - Suisse	
	22 juin	Los Angeles	16:30	1:30	États-Unis - Colombie	
	23 juin	New York	16:00	22:00	Italie - Norvège	
	23 juin	Boston	19:30	1:30	Corée du Sud - Bolivie	
	24 juin	Orlando	12:30	18:30	Mexique - Eire	
	24 juin	San Francisco	13:00	22:00	Brésil - Cameroun	
	24 juin	Detroit	19:30	1:30	Suède - Russie	
	25 juin	Orlando	12:30	18:30	Belgique - Pays-Bas	
	25 juin	New York	12:30	18:30	Arabie Saoudite - Maroc	
	25 juin	Boston	16:00	22:00	Argentine - Nigeria	
	26 juin	Chicago	11:30	18:30	Bulgarie - Grèce	
	26 juin	Los Angeles	13:00	22:00	États-Unis - Roumanie	
	26 juin	San Francisco	13:00	22:00	Suisse - Colombie	
	27 juin	Chicago	15:00	22:00	Bolivie - Espagne	
	27 juin	Dallas	15:00	22:00	Allemagne - Corée du Sud	
	28 juin	New York	12:30	18:30	Eire - Norvège	
	28 juin	Washington	12:30	18:30	Italie - Mexique	
	28 juin	San Francisco	13:00	22:00	Russie - Cameroun	
	28 juin	Detroit	16:00	22:00	Brésil - Suède	
	29 juin	Orlando	12:30	18:30	Maroc - Pays-Bas	
	29 juin	Washington	12:30	18:30	Belgique - Arabie Saoudite	
	30 juin	Boston	19:30	1:30	Grèce - Nigeria	
	30 juin	Dallas	18:30	1:30	Argentine - Bulgarie	

CLASSEMENT A L'ISSUE DU 1er TOUR

	GROUPE A	GROUPE B	GROUPE C	GROUPE D	GROUPE E	GROUPE F
1						
2						
3						
4						

Sont qualifiés pour le 2e tour : les 2 premiers de chaque groupe et les 4 meilleurs troisièmes

LES PAYS PARTICIPANTS ET LES GROUPES

PAYS QUALIFIÉS (24)

CAF (3) Afrique

Cameroun
Maroc
Nigeria

AFC (2) Asie

Arabie Saoudite
Corée du Sud

UEFA (13) Europe

Allemagne
Belgique
Bulgarie
Eire
Espagne
Grèce
Italie
Norvège
Pays-Bas
Roumanie
Russie
Suède
Suisse

CONCACAF (2) Amérique du Nord et centrale

États-Unis
Mexique

CONMEBOL (4) Amérique du Sud

Argentine
Bolivie
Brésil
Colombie

GROUPES ET LIEUX DES RENCONTRES

GROUPE A	GROUPE B	GROUPE C	GROUPE D	GROUPE E	GROUPE F
ÉTATS-UNIS	BRÉSIL	ALLEMAGNE	ARGENTINE	ITALIE	BELGIQUE
SUISSE	RUSSIE	BOLIVIE	GRÈCE	EIRE	MAROC
COLOMBIE	CAMEROUN	ESPAGNE	NIGERIA	NORVÈGE	PAYS-BAS
ROUMANIE	SUÈDE	CORÉE DU SUD	BULGARIE	MEXIQUE	ARABIE SAOUDITE
LOS ANGELES SAN FRANCISCO DETROIT		CHICAGO BOSTON DALLAS		NEW YORK WASHINGTON ORLANDO	

PHASE FINALE

	Date	Lieu	Heure locale	Heure française	N° Match	Match	Équipes	Score
Huitième de finale	2 juillet	Chicago	12:00	19:00	4	1 C — 3 A / 3 B / 3 F		
	2 juillet	Washington	16:30	22:30	6	2 C — 2 A		
	3 juillet	Dallas	12:00	19:00	2	2 F — 2 B		
	3 juillet	Los Angeles	13:30	22:30	1	1 A — 3 C / 3 D / 3 E		
	4 juillet	Orlando	12:00	18:00	7	1 F — 2 E		
	4 juillet	San Francisco	12:30	21:30	8	1 B — 3 A / 3 C / 3 D		
	5 juillet	Boston	13:00	19:00	5	1 D — 3 B / 3 E / 3 F		
	5 juillet	New York	16:30	22:30	3	1 E — 2 D		
Quart de finale	9 juillet	Boston	12:00	18:00	C	Vainqueur 5 - Vainqueur 6		
	9 juillet	Dallas	14:30	21:30	D	Vainqueur 7 - Vainqueur 8		
	10 juillet	New York	12:00	18:00	B	Vainqueur 3 - Vainqueur 4		
	10 juillet	San Francisco	12:30	21:30	A	Vainqueur 1 - Vainqueur 2		
	13 juillet	New York	16:00	22:00	Demi-finale	Vainqueur B - Vainqueur C		
	13 juillet	Los Angeles	16:30	1:30		Vainqueur A - Vainqueur D		
	16 juillet	Los Angeles	12:30	21:30	3e place	Perdant A-D - Perdant B-C		
	17 juillet	Los Angeles	12:30	21:30	Finale	Vainqueur A-D - Vainqueur B-C		

ORIGINE DES DOCUMENTS PHOTOGRAPHIQUES

Flash-Press : pp. 4, 7, 8, 14, 15, 16, 18, 22, 23, 25, 26, 27, 29, 30 H, 36, 41, 43, 44, 45, 46, 47, 49, 50, 51, 61, 62, 63, 64, 65, 70, 71, 72, 73, 74, 76, 77, 78, 79, 80, 82, 84, 87, 88, 90, 93, 95, 96, 98, 99, 100, 103, 104. Henry Szwarc : pp. 10, 13, 17, 19, 20, 24, 32, 34, 35, 39, 53, 54, 55, 56, 59, 67, 68, 69 G, 75, 81, 85, 86, 89, 91, 92, 94, 105, 106, 107, 108. Bongarts : pp. 11, 12, 21, 28, 30 B, 31, 33, 38, 40, 42, 52, 57, 58, 60, 66, 69 D, 83, 97, 101, 102, 104 B, 109. Sports-Line Photographic/David Rogers : p. 37. Sources privées : pp. 6, 9, 48.

Achevé d'imprimer
Dépôt légal mai 1994
Imprimé en Italie, par la G.E.P., Cremona